国家自然科学基金青年科学基金项目（71901157）

邱瑞◎著

碳交易市场下航空运输多主体均衡决策方法及应用

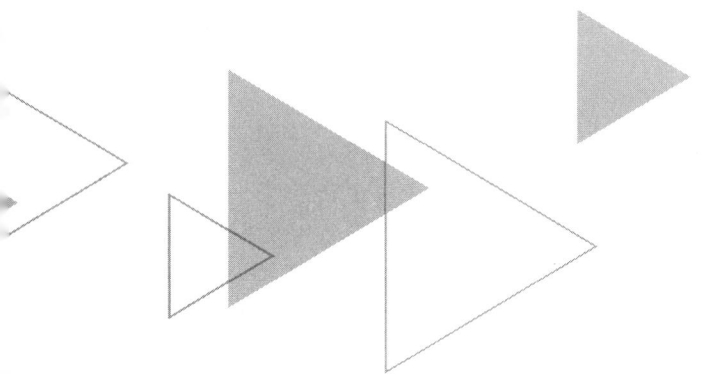

四川大学出版社
SICHUAN UNIVERSITY PRESS

图书在版编目（CIP）数据

碳交易市场下航空运输多主体均衡决策方法及应用 / 邱瑞著. — 成都：四川大学出版社，2022.12
（经管数学应用丛书）
ISBN 978-7-5690-5790-4

Ⅰ.①碳… Ⅱ.①邱… Ⅲ.①航空运输业－二氧化碳－排污交易－研究－中国 Ⅳ.①F562.6②X511

中国版本图书馆 CIP 数据核字（2022）第 227533 号

书　　名：	碳交易市场下航空运输多主体均衡决策方法及应用
	Tanjiaoyi Shichang xia Hangkong Yunshu Duozhuti Junheng Juece Fangfa ji Yingyong
著　　者：	邱　瑞
丛 书 名：	经管数学应用丛书

丛书策划：蒋　玙
选题策划：蒋　玙　周维彬
责任编辑：周维彬
责任校对：蒋　玙
装帧设计：墨创文化
责任印制：王　炜

出版发行：四川大学出版社有限责任公司
　　　　　地址：成都市一环路南一段 24 号（610065）
　　　　　电话：（028）85408311（发行部）、85400276（总编室）
　　　　　电子邮箱：scupress@vip.163.com
　　　　　网址：https://press.scu.edu.cn
印前制作：成都完美科技有限责任公司
印刷装订：成都金阳印务有限责任公司

成品尺寸：170 mm×240 mm
印　　张：9.25
字　　数：174 千字

版　　次：2023 年 1 月 第 1 版
印　　次：2023 年 1 月 第 1 次印刷
定　　价：48.00 元

本社图书如有印装质量问题，请联系发行部调换

版权所有　◆　侵权必究

扫码查看数字版

四川大学出版社
微信公众号

前　言

　　绿色发展和可持续发展是习近平新时代中国特色社会主义思想的重要组成部分——生态文明建设的战略路径和总抓手。绿色发展和可持续发展既强调经济与发展环境相适应,实施绿色生产,建设资源节约、环境友好的绿色发展体系;又强调经济发展应增强对环境的修复能力,"只有恢复绿水青山,才能使绿水青山变成金山银山",形成人与自然和谐发展现代化建设新格局,实现绿色循环低碳发展、人与自然和谐共生。根据中华人民共和国科学技术部、中国科学院、中国工程院和中国气象局联合发布的《第三次气候变化国家评估报告》,受气候变化影响,我国正面临着愈来愈严重的环境问题。二氧化碳排放作为气候变化的主要诱因,其控制与削减已成为我国实现绿色可持续发展的重点任务。航空运输业作为我国国民经济的一个重要部分,对我国实现绿色可持续发展目标尤为重要。合理的低碳航空运输管理方案能充分反映决策者对全局性、长期性、根本性问题的思考,旨在获得一系列可行的低碳航空运输管理方案,其主要内容包括碳定价政策制定与航空运输碳减排策略优化。政府实现航空碳减排与航空公司利润最大化之间有着冲突与联系。有效的低碳航空运输管理是可持续发展的重要基础,其在实现碳排放削减、经济效益、社会福利、环境保护、运营效率、技术创新、能源改进等方面都十分重要。碳定价政策是航空运输管理的工具,航空运输管理是碳定价机制的载体。然而,低碳航空运输管理利益相关者众多、决策环境复杂、内容繁杂、影响因素多样。因此,为航空公司制定合适的碳定价政策并提供有效的航空运输碳减排管理方案,解决政府与航空公司之间目标冲突,实现航空绿色可持续发展,对于航空碳排放削减和产业发展具有重大意义。此外,极具变化的气候条件、快速增长的运输需求、日趋频繁的市场交易、成效迥异的技术进步使得航空运输管理过程中存在海量异构数据(如市场交易、燃油监控、排放测度、飞机运营等相关数据)。若不对低碳航空运输相关海量异构数据进行有效采集、处理与分析,则很可能导致决策失效。基于上述考虑,本书在对现有研究广泛学习与借鉴的基础上,对碳交易市场下航空运输多主体均衡决策问题进行了研究。

本书共 7 章。第 1 章为概论，主要介绍了研究背景、研究意义、碳交易市场下航空运输多主体均衡决策研究现状，并给出全书整体框架。第 2 章为理论基础，概述了非合作博弈理论与多目标规划理论基础知识。第 3 章对传统碳交易机制下的航空运输多主体均衡决策问题提出了一个系统性解决方法。将航空运输多主体均衡决策问题具体划分成碳排放权分配和航空运输碳减排策略优化相互冲突的两部分。首先，为求解该问题，采用建模技术分配碳排放额度并选定各航空公司碳减排策略的系统性冲突求解方法。该方法在进行碳交易政策制定与航空运输碳减排策略规划时充分考虑了政府与航空公司的相互影响，并构建了针对性的基于冲突求解的双层均衡模型。其次，为了求解该双层均衡模型，采用了 Karush-Kuhn-Tucker(KKT) 方法将其转化为单层规划模型。最后，将该方法应用到算例中以验证其适用性与稳健性，需要注意的是，算例中的数据是采集相关实际数据存储到低碳航空运输数据云平台并进行脱敏处理、质量控制等数据处理操作后得到的。通过对结果进一步分析和讨论可知，该方法能够解决决策者间的冲突并可用于解决其他交通模式中的碳排放削减问题。第 4 章针对考虑碳交易与碳补贴混合政策的航空运输多主体均衡决策问题设计了一个解决碳交易与碳补贴混合政策制定和航空生物燃油混合计划间冲突的方法。将低碳航空运输问题划分为碳交易与碳补贴混合政策的制定问题和混合生物燃油比率选择问题，通过解决这些问题以得到合理的航空运输多主体均衡决策方案，该方案包括两个部分：一是通过对碳交易与碳补贴混合政策制定与航空生物燃油混合计划决策者间的冲突分析，建立基于双方决策者均衡的双层规划模型；二是针对模型特征采用 KKT 方法将模型进行转化以得到满意的低碳航空运输管理方案。在具体的方法应用过程中，政府试图优化总碳排放量和关于碳排放额度分配公平性的基尼系数，而航空公司试图优化各自经济效益，双方之间的目标冲突与矛盾由第一部分构建的双层均衡模型所反映。最后，该方法的算例应用表明，其能够得到满意的考虑碳交易与碳补贴混合政策的航空运输多主体均衡决策方案，同时可有效缓解或避免政府与航空公司决策之间的目标冲突。第 5 章提出航空运输碳交易与碳税混合机制，并为该混合政策下航空运输多主体均衡决策问题给出一个针对性解决方法。航空运输碳交易与碳税混合机制源自国际社会中一些国家或组织对碳定价政策的设想，在该混合机制下对航空公司采取双重碳定价政策。首先，该针对性解决方法采用建模技术有效模拟了航空运输混合政策以及政府与航空公司之间的交互关系。该建模技术主要通过建立一个双层均衡模型以缓解政府碳减排目标与航空公司利润目标间的冲突，并考虑了碳交易与碳税混合政策下航空运输多主体均衡决策问题中的约束。其次，为了使该双层均衡模型便于求解，采用KKT方法将其转化为单层模型。最后，为证明该方法的有效性与可操作性，将其应用到算例中并获得满意的低碳航空运输管理方案。计算结果表明，航空运输碳交易与碳税混合政策可以解决决策者间的目标冲突，从而实现航空运输的绿色低碳可持续发展。第6章提出航空运输碳交易、碳税与碳补贴三重混合机制，并为该机制下航空运输管理问题提供一个系统性求解方法。提出的航空运输碳交易、碳税与碳补贴三重混合机制具体表现为将航空公司纳入碳交易市场、对其征收碳税，并基于各航空公司实际碳减排水平发放补贴，以期有效地减少航空碳排放。该求解方法使用建模技术建立解决碳交易、碳税与碳补贴混合政策制定和航空运输碳减排策略规划间冲突的双层均衡模型。该均衡模型不仅充分考虑政府与航空公司之间的交互关系，而且可以实现决策者间的目标均衡。采用KKT方法对该双层均衡模型进行转化，以便求解。最后，为了验证该方法的可行性与稳健性，将其应用到算例中并得到满意的碳交易、碳税与碳补贴政策制定方案和航空运输碳减排策略规划方案。算例结果表明，该方法可解决决策者间的目标冲突并且航空运输三重混合政策能够有效地实现航空碳排放削减。第7章主要对研究结论、创新之处及后续研究进行总结。

本书的主要创新有以下几点：①系统地分析了碳交易市场下航空运输多主体均衡决策问题，基于对已有文献的学习、碳定价政策基本原则、航空运输管理理论的分析，提出了不同碳定价机制下的航空运输多主体均衡决策问题，这些碳定价机制中有已广泛应用的机制和基于现有机制融合的混合机制；②针对不同碳定价机制的具体规则，建立了基于决策者间目标冲突解决的多目标双层均衡模型；③针对已建立的不同模型，采用KKT方法进行转化以便求解，并将所提出的方法应用于不同算例中以验证方法的实用有效性，通过分析结果并进行讨论可知，各碳定价机制下航空运输多主体均衡决策问题中的方法能够为决策者在处理相关低碳航空运输管理问题时提供有价值的参考。

目　　录

第1章　概论 ·· 1
  1.1　研究背景 ··· 1
  1.2　研究意义 ··· 4
  1.3　现状概述 ··· 6
  1.4　研究内容 ·· 10

第2章　理论基础 ·· 15
  2.1　多目标规划 ·· 15
  2.2　非合作博弈 ·· 17

第3章　仅考虑碳交易市场的航空运输多主体均衡决策研究 ············· 24
  3.1　问题陈述 ·· 24
  3.2　国内外研究现状 ·· 25
  3.3　参数说明与模型构建 ·· 28
  3.4　算例分析 ·· 36
  3.5　结论与启示 ·· 43

第4章　考虑碳交易与碳补贴政策的航空运输多主体均衡决策研究 ······ 45
  4.1　问题陈述 ·· 45
  4.2　国内外研究现状 ·· 46
  4.3　参数说明与模型构建 ·· 50
  4.4　算例分析 ·· 57
  4.5　结论与启示 ·· 66

第5章　考虑碳交易与碳税政策的航空运输多主体均衡决策研究 ······· 67
  5.1　问题陈述 ·· 67
  5.2　国内外研究现状 ·· 69
  5.3　参数说明与模型构建 ·· 72

  5.4 算例分析 …………………………………………………… 78
  5.5 结论与启示 ………………………………………………… 87

第6章 考虑三重碳定价政策的航空运输多主体均衡决策研究 …… 89
  6.1 问题陈述 …………………………………………………… 89
  6.2 国内外研究现状 …………………………………………… 91
  6.3 参数说明与模型构建 ……………………………………… 95
  6.4 算例分析 …………………………………………………… 101
  6.5 结论与启示 ………………………………………………… 112

第7章 总结与展望 …………………………………………………… 113
  7.1 总结 ………………………………………………………… 113
  7.2 展望 ………………………………………………………… 117

参考文献 ………………………………………………………………… 118

第1章 概论

1.1 研究背景

在最近的几十年里,气候变化已成为全球关注的焦点。随着全球极端天气发生频率的增加,由之引发的环境问题已经严重影响人们的生产生活(Gui et al.,2010;Loo and Li,2012;Peters et al.,2013)。政府间气候变化专门委员会(IPCC,由联合国环境规划署与世界气象组织建立于1988年)在1990年到2014年间发布了五次系列性气候变化评估报告(IPCC,1990;IPCC,1995;IPCC,2001;IPCC,2007;IPCC,2014)。这些报告详细分析了由于全球变化而导致的全球地表平均温度以及海平面的变化趋势。在IPCC第五次评估报告中提到:全球平均地表温度在1880年到2012年的130多年间升高了0.85℃。其中,从1983年到2012年开始的三十年可能是过去一千多年以来最热的时间段(IPCC,2014)。自1971年以来,全球冰川每年平均减少2260亿吨。在1901年到2010年间全球海平面升高了0.19 m。从报告内容可以看出,全球气候变化有着越发猛烈的趋势,引发的环境问题不断对人类生存产生威胁。

政府间气候变化专门委员会的系列性气候变化评估报告不仅对全球气候变化形势进行了评估,也分析了全球气候变化带来的影响。IPCC第五次评估报告中指出:全球气候变化将影响整个世界的水资源、人类健康、生态系统以及农业等方面。具体而言,将改变全球水文系统,对水质与水量产生影响;在一些地区和气候变化相关的疾病增多,死亡率上升;改变生态系统中一些物种的习性、数量以及迁徙行为等;加剧全球自然灾害,减少生活必需品供应,上升的海平面使部分海岸被淹没(IPCC,2014)。政府间气候变化专门委员会同时指出,人类活动产生了大量的二氧化碳甲烷等气体,使得气候变化加剧,其认为有95%的可能性20世纪50年代以来一半以上的全球气候变化均是由人类活动导致的。

为控制二氧化碳排放量,国际社会已开展一系列相关行动。《联合国气候变化框架公约》于1992年6月在巴西里约热内卢举行的有世界各国政府首脑参加的联合国环境与发展会议上通过(Kyoto Protocol,1997)。该公约是全世界首部旨在全面控制二氧化碳排放以应对全球气候变化给人类经济和社会带来不利影响的国际公约,正式生效于1994年3月。其补充条款《京都议定书》于1997年

12月在日本京都由联合国气候变化框架公约参加国签署,这是人类有史以来第一个具有法律约束力的碳排放削减文件(Breidenich et al.,1998)。为落实《京都议定书》,《马拉喀什协定》于 2008 年 12 月在摩洛哥马拉喀什召开的第七届联合国气候变化框架公约缔约国会议上通过(Ray,2010)。该协定约定了排放权贸易、联合履行以及清洁发展三种碳排放削减机制,允许国家间转让碳减排额度。《京都议定书》于 2005 年 2 月正式生效。2009 年 12 月,《哥本哈根议定书》在丹麦哥本哈根召开的联合国气候变化大会上通过,替代了 2012 年到期的《京都议定书》(Kapphan,2009)。在最近举行的《联合国气候变化框架公约》的第 23 次缔约国大会中,达成了名为"斐济实施动力"的一系列积极成果,通过了加速 2020 年前气候变化行动的一系列安排(Chevallier,2017)。

为了上述协定的落实,全球各个国家基于自身的实际情况完成了相应的碳排放削减政策制定。目前的主流碳排放削减机制有:碳交易、碳税以及碳补贴等(Ryan et al.,2006;Elliott et al.,2010;Galinato and Yoder,2010;Monjon and Quirion,2010;Cato,2011;Weisbach,2012)。碳交易机制是政府对于不同企业给予不同的初始碳排放额度,并允许这些企业在碳交易市场中对碳排放额度进行交易(Bunn and Fezzi,2007;Milunovich et al.,2007;Li and Yu,2010)。若企业初始碳排放额度过剩,则可以将过剩碳排放额度在市场中卖出以提高自身经济效益;若初始碳排放额度不足,则可以在市场中购买碳排放额度以满足生产需求。欧盟是目前全球完成实施碳交易体系最大的组织,其成功经验对于其他国家实施限额交易政策乃至世界性碳交易市场的建立有着重要的参考意义。碳税是根据企业的实际碳排放量对该企业按比例征收税费。芬兰、波兰等欧洲国家是实施碳税政策较早的国家,这些政策的制定和实行的情况都较为有效(Kaarstad,1995;Bruvoll and Larsen,2004;Nordhaus,2007)。到 2021 年 4 月,已有 68 个碳定价政策被实施并另有 3 个处于计划实施阶段。其中包含 34 个以地方性辖区为主的碳交易市场和 37 种以国家层面为主的碳税政策。已实施的政策覆盖了约 23% 的全球总体二氧化碳排放量(World Bank,2021)。

自 2015 年起提出"一带一路"倡议以来,由于航空运输业在促进跨境交流与国际贸易方面的能力非常突出,"一带一路"相关国家间的航空市场逐渐活跃。经预计,中国与其他"一带一路"相关国家间十年后的贸易额将比 2015 年多一倍,运输需求将极大地增加,为这些国家乃至整个世界的航空业发展带来空前机遇。根据中国商用飞机有限责任公司于 2017 年 9 月第 17 届国际航空展览会上发布的《中国商飞公司 2017—2036 年民用飞机市场预测年报》,由于未来二十年全球经济保持约 2.8% 的增长速度,全世界航空旅客周转量将以平均每年 4.4%

的速度递增,新机交付量将达到 43 013 架,价值约 57 877 亿美元(以 2016 年目录价格为基础),用以更新与支持机队的发展(中国商飞,2017)。到 2036 年,预计全球客机机队规模将达到 45 376 架,是现有机队(21 662 架)的 2.1 倍。以中国为代表的新兴经济体国家的航空市场增长最快。中国占全球客机机队的比例将从 2017 年的 15%增长到 2036 年的 19%。

同时,航空运输业二氧化碳排放量虽然仅占全球排放量的不到 3%,但随着航空市场的飞速发展,其增速较快。自 2009 年起,全球碳排放总量波动不大,总体维持在 300 亿吨左右(李广津和顾亚琼,2017;赵宏和伍浩松,2017;Le Quéré et al.,2017)。根据国际航协相关数据,全球航空运输业碳排放总量从 2009 年的 6.23 亿吨上升至 2016 年的 8.11 亿吨(Lee et al.,2017;Herold and Lee,2018)。对我国而言,航空运输业是国民经济的关键组成部分之一。虽然我国航空运输业二氧化碳排放量占全国总排放量的不到 1%,但最近二十年来其增长速度远超全国所有行业总体增速(齐禹萌,2017;汤维祺和鲁政委,2017)。改革开放以来,随着我国经济的发展,我国碳排放总量从 1997 年的 28 亿吨上涨到 2016 年的 101 亿吨。根据我国民航相关统计数据,我国航空运输业二氧化碳排放量自 1997 年的约 0.1 亿吨增加到 2009 年的约 0.4 亿吨,在 2016 年达到约 0.9 亿吨。通过这些数据可知,我国航空碳排放增长速度超过我国总体碳排放增速的 2 倍。同全球航空碳排放增长速度比较,我国航空碳排放增速也相对较高。

为实现航空碳排放削减,国际民航组织一直在推动全球气候变化磋商的进行。国际民航组织第 36 届大会于 2007 年正式启动全球气候变化政治磋商进程,在该届大会上通过了承认"非歧视"原则与"共同但有区别的责任"原则以及包含一揽子行动安排的 A36-22 号决议。但在此次大会之后欧洲经济体国家对该决议中避免单边行动的条款提出保留。而后,国际民航组织第 37 届大会于 2010 年召开,会上通过了 A37-19 号决议。然而,该决议中有关市场机制、微量豁免等内容被大约 60 个国家保留。在 2013 年的第 38 届国际民航组织大会上,经过多方多轮投票达成了 A38-18 号决议,该决议计划建立国际性航空市场机制,同时提出了 16 条设计原则,其中包括"共同但有区别的责任"原则。但此次大会之后依然有约 60 个国家对部分内容提出保留。从 2014 年以来,国际民航组织全力推动气候变化方面的机制方案设计。于 2016 年 10 月召开的第 39 届国际民航组织大会通过了《国际民航组织关于环境保护的持续政策和做法的综合声明——气候变化》和《国际民航组织关于环境保护的持续政策和做法的综合声明——全球市场措施机制》,标志着全球气候变化磋商迈入新的阶段。

综上所述，为实现航空碳排放的有效削减，合理的航空碳定价政策对航空运输业的可持续发展极为重要。基于国内外专家关于碳定价政策与航空运输碳减排策略优化问题的研究情况，明确了研究主线。为了探索有效的航空碳定价政策和以可持续发展为导向的航空运输多主体均衡决策，提出了基于建模技术的系统性方法。这一方法结合了双层规划理论以及多目标规划理论等理论，对碳交易市场下航空运输多主体均衡决策问题开展了一系列研究。

1.2 研究意义

2020年9月22日，习近平总书记在第七十五届联合国大会一般性辩论上宣布："中国将提高国家自主贡献力度，采取更加有力的政策和措施，二氧化碳排放力争于2030年前达到峰值，努力争取2060年前实现碳中和。"航空运输业是我国国民经济的重要组成部分，也是实现我国碳达峰碳中和目标的重要环节。如何实现碳排放削减和经济增长的双赢对我国可持续发展十分重要。当前航空运输业在全球范围内贡献约3％的二氧化碳排放，这一比例将随着国际贸易与跨境活动的增长而稳步提升。而根据我国民航行业相关数据可知，我国自2008年以来民航运输总量连续九年排名世界第二。2008年，我国航空运输业完成运输总周转量374亿吨公里，完成旅客运输量1.92亿人次。到2016年，航空运输业完成运输总周转量963亿吨公里，完成旅客运输量4.88亿人次。由此可见我国航空运输业在近十年间发展迅速。因此，减少航空运输碳排放的同时保证经济稳步增长对实现我国的碳减排与国民生产总值目标极为关键。

碳交易机制作为迄今为止最为普及的碳排放控制手段之一，已成为缓解全球气候变化的重要政策支柱（胡东滨等，2018；王道平等，2018；World Bank，2018）。我国从2011年起在北京、上海、广东、深圳、天津、重庆、湖北七个省市开展碳交易试点，并于2017年底正式启动全国性碳交易市场。航空运输业是我国重点排放行业之一，也是全国性碳交易市场建设过程中优先纳入的行业。除碳交易机制外，碳税机制和碳补贴机制也是目前的主流碳定价机制。碳税机制被北欧国家率先实施到各大主要领域中。尽管补贴政策常常被世界大多数国家使用，而碳补贴机制很少被单独用于航空运输领域。根据欧盟碳排放交易体系研究与实施经验，在碳交易市场下考虑碳补贴或碳税等辅助政策可能有助于实现碳排放削减目标（Ellerman et al.，2010；Gies，2017；Haites et al.，2018）。为了探索合适的碳定价政策以促进我国航空碳排放削减，对碳交易机制的深入分析以及将碳交易机制与其他机制进一步的融合势在必行。由此可见，研究以碳交易机制为核心的碳减排政策下的航空运输管理问题具有时代意义。

碳交易市场下的航空运输管理参与主体众多、决策环境复杂、内容繁杂、影响因素多样。通常情况下,碳减排政策决策主体(如政府相关职能部门)根据碳减排需求与社会、经济等方面的综合考虑设计具体碳交易方案(如碳排放权分配等)甚至其他辅助政策(如碳税或碳补贴政策等);航空运输碳减排策略决策主体(如各大航空公司)基于碳减排政策制定航空运输碳排放削减方案。各主体独立决策以优化自身目标,但这些决策方案间的联系使决策主体间存在交互性内在机理,并且方案之间的相互影响很可能导致决策主体间的目标冲突。若不从均衡角度考虑这些交互关系以及可能涉及的冲突,则很可能产生各决策主体方案(如碳减排政策决策方案、多个航空运输碳排放削减方案等)的可行性降低、碳减排效果减弱、航空运输运营效率下降等问题。因此,探索碳减排政策决策主体与航空运输碳减排策略决策主体间的均衡决策对于解决碳交易市场下的航空运输管理问题颇为重要。

综上所述,为适应当前碳减排政策方案与航空运输管理策略之间交互影响机理日趋复杂和相关数据量显著增强的新形势,采用前沿的决策优化理论、航空运输管理理论和低碳经济理论等,展开数据驱动的碳交易市场下航空运输多主体均衡决策研究,最终找到各决策主体均可接受的满意方案,实现航空碳排放削减与产业发展互利共赢的目的。本书具有重要的理论价值与实践意义,主要体现在以下几个方面:

(1) 本书是充实低碳航空运输管理研究的重要内容。

目前,关于低碳航空运输管理的研究已较为丰富,但考虑数据驱动与多决策主体间的交互关系的碳交易市场下航空运输碳减排的研究尚不多见。本书将数据驱动、碳减排政策制定以及航空运输管理问题结合以开展系统性的研究,为低碳航空运输管理提供全新视角,对改善航空运输碳减排效果并实现环境保护与经济发展互利共赢具有重要意义。

(2) 本书完善了低碳航空运输管理决策理论与方法。

针对碳减排政策制定与航空运输管理集成系统中多决策主体间博弈互动关系与决策环境,将前沿的决策优化理论、航空运输管理理论和低碳经济理论等综合集成,建立低碳航空运输数据云平台,构建双层多目标决策理论体系,设计双层多目标数学模型群并开发高效的求解方法群。对完善低碳航空运输管理决策理论与方法体系具有重要理论价值。

(3) 本书可指导碳交易市场下的航空运输管理实践。

研究结果可以应用到实际管理中,为碳交易市场下的航空运输多主体决策提供指导,对优化航空碳减排效果、提升资源利用率和航空运输管理水平具有实践意义。这正好与"十三五"规划中经济发展预期目标以及《强化应对气候变化行动——中国国家自主贡献》中碳减排目标相一致,由此可见,优化碳交易市场下的航空运输管理具有较好的现实意义。

1.3 现状概述

碳交易市场下的航空运输管理问题对全球碳排放总量削减的重要性与迫切性已得到广大研究者们的重视。通过归纳汇总碳交易市场下航空运输多主体均衡决策问题的现有文献,分析国内外关于该问题的研究现状。下面将简述相关文献的历史分布情况、研究热点、重要专家学者及关键期刊,对研究现状进行总结,为这一问题的理论与实践研究提供文献支撑。

本书基于研究主题,从航空运输碳交易市场与多主体交互结构两个方面对相关文献进行梳理。

1.3.1 航空运输碳交易市场研究

碳交易机制是以市场为基础的机制,起源于20世纪60年代提出的科斯定理(Coase,1960)。该定理侧重于市场调节,从经济学角度来看,政府与市场往往是相互弥补的,二者都具有不可替代性。在此之后很长一段时间,关于航空运输碳交易市场的研究相对较少,且大多为理论探讨性研究。Lee和Sausen(2020)探讨了假设航空运输碳交易实施对大气环境可能产生的影响,并建议在未来制定碳减排政策时考虑航空运输碳排放的特殊性。欧盟碳排放交易体系等一系列碳交易体系的建立掀起了相关研究的热潮(毕清华和王双,2018;Li et al.,2018;Narassimhan et al.,2018)。Albers等研究了欧盟碳排放交易体系对欧洲航空公司网络的影响并推断出欧盟碳排放交易体系第一阶段(2005—2007年)的规则很难缓解碳排放(Albers et al.,2009)。相对于这一研究,其他一些关于欧盟碳排放交易体系第二阶段(2008—2012年)与第三阶段(2013—2020年)的研究发现限额交易机制能够实现欧盟的碳排放削减目标(Convery and Redmond,2007;Crossland et al.,2013;Brink et al.,2016)。Hofer等(2010)分析了一种航空碳税对美国旅行相关碳排放的影响,指出该碳税可作为碳交易系统的一个有利补充。Chin和Zhang(2013)提出了一种替代性的排放权分配方法以模拟航空业碳交易体系并极大地提升了飞机运营效率。Steven和Merklein(2013)分析了碳排放交易体系下航空战略联盟对航空运输碳排放强度决定因素的影响。结果表明,在同一给定时间下欧洲航空公司相较于其他地区的航空公司有着更低的碳排放强度。Meleo等(2016)以意大利为例分析了航空运输业由于欧盟碳排放权交易市场而产生的各类成本,并指出碳排放权交易政策规划者应该做出更多的努力以优化低碳航空运输管理。Cui 等(2018)采用数据包络分析方法基于欧盟碳排放权交易市场中的国际航空公司多年相关数据研究了碳交易机制对航空运输效率的影响,发现航空公司效率影响的缓冲期较长。Efthymiou 和 Papatheodorou(2019)探讨了欧盟碳交易体系在航空运输业的实施情况,并给出了相关政策建议。随着相关研究的深入,补贴政策的研究工作也得到了开展。Timilsina 等(2011)研究了碳税与补贴混合政策对生物燃油的影响。结果表明,该政策有助于刺激生物燃料的市场渗透。Reimer 和 Zheng(2016)提出了一种可行的补贴政策,并分析了该政策对航空生物燃油的影响。Liu 等(2021)评估了中国航空公司的绿色绩效,并根据评估结果建议增加航空公司碳减排补贴。

  受欧盟碳交易市场的建立及当时拟提出的航空碳税的影响,不少国内学者也开展了相关研究。林鹏(2009)分析了欧盟航空碳交易市场对全球航空业可能产生的影响并探讨了我国航空减排的有效方向。在此之后,他又详细阐述了航空公司碳资产(即碳排放权),并对低碳时代我国航空公司所存在的挑战与机遇进行了深度分析(林鹏,2010)。许小虎等(2013)通过风险分析模型研究了第二阶段欧盟碳交易政策实施后中国航空运输碳减排、收入、费用、利润以及客票价格可能发生的变化,并探讨了该政策对中欧航空旅游及中国航空业竞争力的影响。乔晗等(2014)应用非合作博弈方法研究了欧盟碳交易市场背景下航空碳税的应对策略,从理论上验证了拒绝缴纳碳税是当时的最优选择。赵凤彩等(2015)研究了全球航空货运碳排放权分配问题,并建议在设计全球航空碳排放权分配方法时应考虑公平分配等原则。王婧等(2015)从多个方面比较了欧盟与中国航空碳排放权交易的特点,并提出了完善国内现有国内碳排放权交易的建议。周维良(2015)探索了中国航空运输业应对欧盟碳关税的可能措施,提出了提供补贴与技术创新等多种应对措施。李汝义(2018)结合国际民航组织与欧盟对航空碳排放的法律规制经验,以及中国航空业碳排放与低碳发展制度的现状,提出了构建中国航空业低碳发展法律体系框架的一系列建议。余美红与杨旭彪(2018)研究了碳税与补贴政策对航空运输低碳发展的影响。这些研究为中国碳交易市场的建立及碳定价政策间的融合提供了重要的理论指导。

  综上所述,虽然当前航空运输碳交易市场相关研究已相对丰富,但鲜有碳减排政策与航空运输管理的有机联系及多主体间的交互关系,缺乏航空运输碳交易市场下碳减排机制融合的深度探索,缺少从均衡决策角度对碳交易市场下的航空运输系统开展全局性的优化管理。同时,现有相关研究尚缺乏对低碳航空运输海量数据进行有效管理以使数据驱动航空运输碳减排与产业发展互利共赢。

1.3.2 航空运输多主体交互结构

由前述分析可知,碳交易市场下航空运输多主体决策就是在多决策主体结构中通过多个主体共同参与的全局性优化决策系统,并且决策主体间有着显著的交互关系或目标冲突。Belobaba 和 Wilson(1997)、罗利和彭际华(2007)基于航空公司间的决策目标冲突对航空运输管理相关问题进行了研究。进一步,Sheu 和 Li(2014)、胡荣等(2018)研究了碳交易市场对航空公司间相互冲突决策的影响。此外,有学者对低碳航空运输管理中政府与多个航空公司间决策冲突开展了一定的研究工作。Xu 等(2016)提出了一种均衡决策方法以解决航空运输碳排放权分配问题中政府与多个航空公司间的目标冲突,并研究了该方法的有效性。Qiu 等(2017)针对碳税与碳交易混合机制下政府与多个航空公司间决策冲突设计了一种航空运输碳排放权分配方法,并探究了该方法对碳排放削减的效果。因此,如何分析并处理决策主体间的相互影响及目标冲突以探索有效的均衡决策是本书的重点问题。

根据上述研究重点,本书对文献进行深入分析以寻求合理可行的低碳航空运输均衡决策方法。对于考虑政府与多个航空公司这类带有层级结构的碳交易市场下航空运输碳减排问题,多层决策理论与方法是有效的解决工具,其中的双层决策理论与方法在理论和应用方面已较为完善(Sinha et al.,2018)。与之类似,多目标决策理论与方法已得到广泛应用(Eiselt and Sandblom,2010)。由于实际问题需要,国内外学者将多目标决策理论与双层决策理论相结合,努力使双层多目标决策理论与方法产生并得到持续发展。理论研究方面,Shi 和 Xia(1997)建立了双层多目标决策模型并设计了交互式算法对模型进行求解;吕一兵和万仲平(2014)将一类下层为凸标量优化的二层多目标规划模型进行转化,并采用了针对性光滑化算法求解这类模型。实际应用方面,吕智林等(2006)针对城市快速道路网的污染与匝道控制问题建立了双层多目标规划模型以求解合理的规划方案;Kasemset 和 Kachitvichyanukul(2010)基于双层多目标决策思想求解了车间作业调度问题;Xu 等(2015)将一个多层多目标规划模型转化为双层多目标模型,并设计了交互式遗传算法以得到可行的电力系统碳排放权分配方案。

综上可知,双层多目标决策理论与方法在理论研究和实际应用方面已有较为丰硕的研究成果,可将其用于解决本书的研究问题。然而,对于具体问题而言,构建的决策模型一般需要有很强的针对性,同时,低碳航空运输管理领域的研究中双层多目标决策理论与方法较少被采用。因此,需要对双层规划与多目标规划在低碳航空运输管理中的应用进一步地丰富,以形成基于双层多目标规划的碳交易市场下航空运输多主体均衡决策理论与方法。

前面介绍了碳交易市场下航空运输多主体均衡决策问题相关研究的现状,通过总结国内外文献,目前主要还存在的问题有以下几点。

(1) 航空运输碳减排机制探索不足。

尽管现有文献中已有很多对碳交易政策进行了探讨,但针对航空运输领域的研究工作相对不多。碳交易机制作为低碳航空运输管理研究的基础性机制,应当得到更多的探讨,以期为航空运输碳排放削减提供更为充分的理论依据与实践参考。同时,为探索潜在的更有效的碳交易市场下航空运输碳减排政策,针对碳减排机制的创新性研究工作应该得到开展。目前的相关研究工作主要集中在碳税与碳交易政策的混合型机制上,且仅有极少研究将重心放在航空运输的混合型机制上。因此,旨在航空运输碳排放削减的碳减排混合机制应该得到更多研究以探索合理有效的碳减排政策。例如,碳交易与碳补贴结合的混合机制通过碳交易机制对航空公司收取碳排放相关成本,并根据每个公司的碳排放削减量发放补贴,可能在实现航空运输碳减排方面更具有效性。碳交易与碳税混合机制在航空运输领域的应用则有望实现更为广泛的碳排放削减。由此可见,对航空运输碳交易机制本身以及与其他碳减排机制的混合机制的深入研究对碳交易市场下航空运输管理有着积极意义。

(2) 多主体决策均衡分析相对较少。

由于政府与航空公司间的内在交互关系,这些利益相关者之间往往存在着一些目标冲突与矛盾。在碳交易市场下航空运输多主体均衡决策中,航空公司的碳排放量或者碳排放强度减少通常是政府的首要目标。为实现碳削减相关目标,政府需要采用一定的碳定价政策对航空公司进行约束。一般而言,在碳定价政策下航空公司的利润将比无碳定价政策的情况低,并且航空公司的碳排放量越多利润减少的越多。在市场化竞争下,航空公司往往将利润最大化放在第一位。政府与航空公司的目标(即环境保护目标与利润目标)之间有着一定的冲突。在现有文献中,仅有极少数同时基于政府与航空公司的角度开展研究并考虑了这些主体间的决策均衡。碳交易市场下的航空运输管理问题里制定碳定价政策的政府相关职能部门与负责实际运输运营的航空公司的决策是相互影响的。如果不考虑这些内在联系,关于低碳航空运输问题的研究将可能得不到对实际有帮助的分析与结论。这样的话,研究者的相关工作的价值将大打折扣。因此,分析低碳航空运输管理问题中利益相关者之间的决策均衡有着很强的必要性。

(3) 低碳航空运输系统性研究缺乏。

在低碳航空运输问题的相关研究中,专家学者们大都仅从政府或者航空公司的角度对低碳航空运输问题进行分析。单一角度下政府与航空公司在各自采取策略的过程中产生的信息基本处于独立状态。由于未能对相关信息与数据进行标准化管理，政府与航空公司之间的信息很难实现共享，也就难以形成统一化的低碳航空运输系统管理，因此，低碳航空运输问题不能被全面研究。综合考量规划碳定价政策的政府部门与负责航空运输运营的航空公司的信息，模拟利益相关者间的磋商过程，对低碳航空运输开展合理有效的管理与控制，不仅可以保障政府碳减排目标的顺利达成与航空公司的可持续运营，还能促进航空运输新能源与新技术的发展。

1.4 研究内容

随着社会与经济的发展，航空运输需求量逐渐增加。而在全球气候变化的影响下社会各界对航空运输碳排放量控制的呼声越发高涨，航空运输越来越强调环保性与可持续性。可获取信息量的高速增长使决策环境变得越来越复杂。在这些背景的共同影响下低碳航空运输的有效管理变得越来越重要。低碳航空运输管理研究的难点在于决策目标多样化、利益相关者众多及其博弈行为复杂等，同时，在管理过程中必将受到社会、政治、经济、文化与自然环境的影响。因此，低碳航空运输管理有着很强的复杂性且其研究具有重要意义，然而，目前低碳航空运输管理的研究还进行的不够深入。针对1.3节中总结的现有研究工作的不足之处，以低碳航空运输为研究对象，对于低碳航空运输管理中的具体问题，建立合理的数学模型，采用有效的求解方法以寻找满意解，并通过算例分析验证所建立模型的合理有效性和科学实用性，最终构建出以"碳定价政策制定—航空运输碳减排策略优化"为主线的低碳航空运输管理技术与方法体系。

总的来说，开展低碳航空运输管理的背景分析，结合碳定价原理与航空运输管理理论，以数学建模为主要技术，对政府的碳排放政策制定与航空公司的碳减排策略优化开展研究。下面几小节内容分别为研究思路、技术路线及研究框架。

1.4.1 研究思路

基于分析研究对象——低碳航空运输，对碳定价政策制定及航空运输管理问题的研究背景进行了总结，对研究现状进行了回顾并形成以下研究思路：首先，从低碳航空运输问题的背景分析入手，分析其中需要完善的问题；其次，收集处理相关数据并建立低碳航空运输数据云平台；再次，提出基于建模技术的方法来解决问题，其中建模技术的使用主要基于双层规划与多目标规划构建模型以解决政府的碳排放政策制定与航空公司的碳减排策略优化之间目标冲突的问题;最后,将所提出的方法应用到基于对实际相关数据进行采集、云存储、脱敏处理、质量控制等操作的算例中,以验证这些方法在低碳航空运输问题中的有效性与可行性。

具体而言,首先,系统分析了低碳航空运输问题并基于分析总结出急需解决的问题,针对其中一些问题,提出了基于建模技术的方法并分析方法中可能需要用到的模型及求解途径。

研究的主体内容从传统碳交易机制下的航空运输多主体均衡决策问题入手,分析了该问题中存在的碳排放权分配与航空运输碳减排策略优化间存在的双层关系,提出解决该低碳航空运输问题的基于建模技术的方法。该方法首先建立求解传统碳交易机制下航空运输多主体决策问题的双层均衡模型;其次采用KKT方法将该模型转化为单层规划模型;最后将该方法应用到具体算例中以验证其可行性与有效性。

其次,研究了碳交易与碳补贴混合政策下的航空运输多主体均衡决策问题,对该问题进行充分分析,描述内蕴于其中的主从策略问题,从而应用基于建模技术的方法以解决该问题。该方法主要包括两部分:一是建立求解碳交易与碳补贴混合政策下航空运输管理问题的双层均衡模型,二是采用KKT方法将该模型转化为单层规划模型。然后将该方法应用于具体算例中以证明所提出方法的有效性,并进行比较分析。

再次,研究了碳交易与碳税混合机制下的航空运输多主体均衡决策问题,考虑碳交易与碳税机制相结合,以期更好地促进航空运输碳减排。在该问题的研究过程中分析了其中存在的政府与航空公司之间的双层关系,建立解决该问题的双层模型,依次给出了上层碳交易与碳税优化模型、下层航空运输碳减排策略优化模型以及全局双层多目标均衡模型,并采用KKT方法将该模型转化为单层规划模型。然后将转化后的模型应用到具体算例中以证明所提出模型的可行性。

最后,研究了三重碳定价混合政策下的航空运输多主体均衡决策问题,设计了同时考虑碳交易、碳税与碳补贴机制的混合政策。在研究三重碳定价混合机制下航空运输多主体均衡决策问题的过程中考虑政府与多个航空公司之间的相互影响,并针对该问题设计了基于建模技术的方法。与前三个问题的解决方法相同,该方法构建了合理的双层均衡模型并通过KKT方法将其转化为单层规划模型,然后将该方法运用到具体算例中验证其有效性。

由上文中研究思路可见,主体内容围绕碳定价机制由浅入深,依次为传统碳交易机制下航空运输多主体均衡决策问题、碳交易与碳补贴混合机制下航空运输多主体均衡决策问题、碳交易与碳税混合机制下航空运输多主体均衡决策问题以及三重碳定价混合机制下航空运输多主体均衡决策问题。相较而言，第一部分是基于传统碳定价机制的研究，中间两部分涉及了基于原有碳定价机制的双重混合政策，而最后一部分在此基础上考虑了三重碳定价混合政策。研究内容相互呼应、相互关联，每部分都包含问题描述、国内外研究现状、建模方法、算例分析以及总结五个部分。本书的整体研究思路为讨论不同碳定价机制下的不同分析方法，贯彻发现问题，抽象提炼分析问题，推论演绎构建模型，应用实践剖析算例的研究思路。

1.4.2 技术路线

技术路线是以航空碳定价机制基本原则、主要内容及航空运输管理理论为指导，以运筹学优化方法和决策科学理论为主要工具，以建模技术为主要技术，以所提出的方法在实际算例的应用为主线开展研究。

碳交易市场下航空运输多主体均衡决策问题研究对象的特点决定了必须以碳定价机制、航空运输管理理论、非合作博弈理论以及多目标优化理论为指导，这样才可以保证研究具有一定的实际意义。根据对低碳航空运输问题的系统分析，各主体部分提出基于建模技术将具体问题数学化的求解方法，并得到满意的碳定价方案和航空运输碳减排策略。在该方法的使用过程中主要涉及解决碳定价政策制定问题需要用到的多目标优化理论，将内蕴主从结构的问题抽象成数学模型时需要用到的双层优化理论，以及因模型特征需要用到的转化方法。

1.4.3 研究框架

本书的研究内容包括概论、理论基础、仅考虑碳交易市场的航空运输多主体均衡决策、考虑碳交易与碳补贴混合政策的航空运输多主体均衡决策、考虑碳交易与碳税混合政策的航空运输多主体均衡决策、考虑三重碳定价混合政策的航空运输多主体均衡决策和总结与展望共七章，每章的具体内容概述如下。

概论介绍研究背景及碳交易机制下航空运输多主体均衡决策问题的研究现状，通过文献综述对国内外研究者的相关工作进行总体评述，阐明研究目的与意义，并在此基础上提出本书的研究框架。

理论基础主要介绍解决以碳交易机制为核心的碳减排政策下航空运输多主体均衡问题过程中涉及的理论知识，基于对不同碳定价机制下航空运输多主体均衡决策问题的系统性分析，提出了针对性的解决方法。这部分主要介绍了使用该方法需要的理论基础，其中主要包括非合作博弈理论与多目标优化理论。

仅考虑碳交易市场的航空运输多主体均衡决策研究针对传统碳交易体系中的航空运输管理问题提出可行的求解方法。碳交易机制作为前世界范围内应用最广泛的碳减排机制，其对航空运输管理的影响性研究对于航空碳排放削减乃至全球气候变化缓解都至关重要。这一章的求解方法主要采用建模技术分配碳排放额度并确定航空公司生物燃料购买量，构建起双层规划模型，然后使用 KKT 方法对所构建的双层模型进行转化。此处的建模技术主要通过建立一个双层均衡模型来解决政府部门与航空公司之间对于航空碳排放削减的目标冲突，与此同时，该模型也反映了决策环境中的约束条件。在该双层模型中，政府部门为上层决策者，航空公司为下层决策者。最后，将该方法应用到具体算例中以验证其有效性、强健性与适用性。该方法考虑了多个利益相关者间的目标冲突与政策的有效性，有益于相关决策者或研究者更好地理解碳交易机制下航空运输问题以最终实现航空碳排放削减。此外，可以对该方法进行一定的改动以解决其他交通模式中的碳排放削减问题。

考虑碳交易与碳税混合政策的航空运输多主体均衡决策研究针对碳交易与碳税混合政策下的航空运输管理问题提出一个基于建模技术的系统性解决方法。通过系统分析碳交易与碳税混合机制下航空运输多主体均衡决策问题可知，该问题的研究范围主要包括制定碳交易与碳税混合政策和设计航空运输碳减排策略。该系统性方法能够完成碳交易与碳税混合政策制定和航空运输碳减排策略优化从而得到总体规划。同时，采用建模技术得到碳交易与碳税混合政策和航空运输碳减排方案，这两者结合构成总体方案。该技术首先构建一个包含碳交易与碳税混合政策制定和航空运输碳减排策略优化的双层均衡模型。此模型不但可以解决航空运输碳排放削减过程中政府与航空公司之间的目标冲突，而且可以有效反映具体问题中的具体约束。该均衡模型将碳税政策制定的决策者定义为上层决策者，同时，将航空运输碳减排策略的决策者定义为下层决策者。为了对该均衡模型进行求解，这一章采用了 KKT 方法将该模型转化为了单层规划模型，然后将该方法应用到基于对实际相关数据进行采集、云存储、脱敏处理、质量控制等操作的具体算例中以验证其可操作性与有效性。算例结果表明，使用该方法能够有效地对碳交易与碳税混合政策制定和航空运输碳减排策略优化间冲突进行缓解，从而促进航空运输的低碳可持续发展。

考虑碳交易与碳税混合政策的航空运输多主体均衡决策研究提出航空运输碳交易与碳税混合机制，并为该机制下航空运输管理问题提供一套有针对性的求解方法。航空运输碳交易与碳税混合机制即将航空公司纳入碳交易体系并根据各个公司减排水平给予碳补贴，以期实现航空碳排放的有效削减。这一章中有针对性的求解方法是使用建模技术构建制定碳交易与碳税混合政策和航空运输碳减排策略的双层均衡模型,并采用 KKT 方法对模型进行转化,以便求解。该模型中上层决策者为碳交易与碳税混合政策的制定者而下层决策者为受该混合政策影响的航空公司。此模型不仅能够充分考虑政策制定者和航空公司的相互影响,还能够缓解这些利益相关者间的目标冲突。最后,将该求解方法应用到基于对实际相关数据进行采集、云存储、脱敏处理、质量控制等操作的具体算例中证明其可行性与稳健性。算例结果表明,航空运输碳交易与碳税混合机制能够促使航空公司尽可能减少碳排放。

考虑三重碳定价混合政策的航空运输多主体均衡决策研究提出航空运输碳交易、碳税与碳补贴混合机制并为该混合政策下航空运输管理问题给出一个系统性解决方法。航空运输碳交易、碳税与碳补贴混合机制是根据国际社会中一些国家或组织对碳定价政策的设想而提出的,在该机制下对航空公司采取多重碳定价政策。此处的解决方法首先采用建模技术有效模拟了航空运输三重碳定价混合政策以及政府与航空公司之间的磋商。该建模技术主要通过建立一个双层均衡模型以解决政府碳减排目标与航空公司利润目标之间的冲突,同时反映了具体低碳航空运输多主体均衡决策问题中的约束条件。在该双层模型中制定碳定价政策的政府部门为上层决策者,三重碳定价混合政策下的航空公司为下层决策者。为了使该模型便于求解,该章针对基于三重碳定价混合政策下低碳航空运输多主体均衡决策问题的模型特征进行 KKT 方法转化以获得令政府部门与航空公司都满意的方案。最后,将该求解方法应用到基于对实际相关数据进行采集、云存储、脱敏处理、质量控制等操作的具体算例中证明其有效性与可操作性。计算结果表明,航空运输碳交易、碳税与碳补贴混合政策可以满足不同群体的利益并实现航空碳排放的削减目标,使用该方法可以为决策者提供有力的参考。

最后一章总结全书的主要工作和结论,并指出未来低碳航空运输管理方面的研究方向。

第 2 章 理论基础

碳交易市场下航空运输多主体均衡决策对全球气候变化的缓解极为重要，其主要包括碳定价政策制定和航空公司碳减排策略优化这两个互为影响的决策行为。这两个决策行为间往往存在着目标冲突。为了深入浅出地研究碳交易市场下航空运输多主体均衡决策问题，在研究过程中碳定价政策制定问题被分类为碳交易机制设计问题、碳交易与碳补贴设置问题、碳交易与碳税制定问题和三重碳定价政策规划问题。在研究这些问题之前，首先需要对多目标规划与非合作博弈理论这两个基础知识进行回顾。

2.1 多目标规划

多目标规划问题的各个目标间通常情况下不会完全协调，很多时候甚至会相互冲突。在求解多目标规划问题时，不能只追求单个目标的最优化而不顾及其他目标。一个目标的改善可能会带来其他目标的降低。换言之，在多目标优化问题中所有目标都达到最优的情况几乎不可能发生。因此，求解多目标规划问题的关键在于应用恰当的方法使各个目标协调，从而在总体上都尽可能达到最优。

多目标优化问题的数学形式可表示如下：

$$\min y = f(x) = \{f(x_1), f(x_2), \cdots, f(x_m)\}$$

$$\text{s.t.} \begin{cases} g(x) = \{x \mid g_i(x) \leqslant 0, i=1,2,\cdots,p\} \\ x = (x_1, x_x, \cdots, x_n) \in X \\ y = (y_1, y_2, \cdots, y_n) \in Y \end{cases}$$

式中，x 为决策变量，X 为决策变量构成的决策集合；y 为目标变量，Y 为目标变量组成的目标集合；$g_i(x) \leqslant 0$ 表示第 i 个约束。

2.1.1 基本概念

多目标规划也被称为多目标优化、多准则优化或多属性优化，由法国经济学家 Vilfredo Pareto (1896) 首先提出。在近几十年中，多目标规划受到了越来越多的关注，并得到了大量应用 (Lee and Wen, 1996; Chang et al., 1997; Giannikos, 1998; Memtsas, 2007; Eiselt and Sandblom, 2010)。在很多领域的实际问题中,如工程、管理、金融、经济和计算机科学等领域,需要使用多个指标来进行方案的评价。相较于单目标优化问题,多目标优化问题的解往往不唯一,通常情况下是最优组合解。由此引出了一个多目标规划理论中最重要的概念,即Pareto 解集。在 Pareto 解集的思想中,一个解对于某个目标而言是最好的,但对于其他目标而言可能较差,Pareto 最优解集合中的元素间是不能够相互比较的(王小平和曹立明,2002)。

定义 2.1 (非劣解)(Deb and Kalyanmoy,2001)

X 为多目标规划问题的可行域,若 $x \in X$,而没有其他可行点 x',满足 $x' \in X$ 且 $f_i(x) \leqslant f_i(x')$,$i=1,2,\cdots,m$,这些不等式中至少一个严格不等式成立,则称 x 为该多目标规划问题的一个非劣解。

定义 2.2 (Pareto 解集)(Deb and Kalyanmoy,2001)

Pareto 解集是所有非劣解构成的集合。

如何对 Pareto 解集进行评价是多目标优化理论研究和实际应用中的重要问题。一般而言,理想的 Pareto 解集需要满足以下三个条件:①求解得出的 Pareto 解集应当尽可能与理论上的 Pareto 解集趋近;②Pareto 解集中解的分布尽可能均匀;③Pareto 解集应当具有尽可能好的扩展性。为评价 Pareto 解集关于上述三个条件的表现,Zitzler 等(2014)提出了三种指标。

1. 平均距离指标 M_1

$$M_1 = \frac{1}{|N|} \sum_{a' \in X'} \min\{\|a' - \bar{a}\|; \bar{a} \in \bar{Y}\}$$

在该指标中,X' 是求解得出的 Pareto 解集,N 为该解集中非劣解的个数,$\bar{Y}$ 是理论上的 Pareto 解集。M_1 值的大小反映求出的 Pareto 解集与理论上的 Pareto 解集的趋近程度:M_1 值越小,求出的 Pareto 解集越趋近理论上的 Pareto 解集。

2. 分布指标 M_2

$$M_2 = \frac{1}{|N-1|} \sum_{a' \in X'} |\{b' \in X'; \|a' - b'\| < \sigma\}|$$

在该指标中,σ 是给定的临近参数。M_2 值的大小反映分布的均匀度:M_2 值越小,表示求得的 Pareto 解集的分布越均匀。

3. 扩展性指标 M_3

$$M_3 = \sqrt{\sum_{i=1}^{m} \max\{\|a_i' - b_i'\|; a', b' \in X'\}}$$

该指标值越大,表示 Pareto 解集的扩展性越好。

2.1.2 求解方法

根据多目标优化问题的决策顺序，Veldhuizen 和 Lamont(1998)将多目标优化方法归纳为三类：先验优先权、后验优先权与交互式方法。先验优先权方法提前确定每个目标的优先权重，将多目标优化转变成单目标优化，先求得单目标优化的最优解，然后得到各目标值；后验优先权方法首先找到多目标优化的所有非劣解，再依据决策者的偏好选择合适的决策；交互式方法是前两种方法的结合，其非劣解的搜索过程是与优先权的设置交替进行的。

对应于上述分类，有三种多目标处理方法(Back et al.,1997)。

1. 聚合法

聚合法就是求解时先利用先验优先权的方法把多目标转化为单目标以便简化，包括分层序列法、目标向量法和 ε 约束法等(安伟刚,2005)。因为聚合法能够方便简捷地求解多目标优化，所以被广泛地应用于研究中。本书在求解多个以碳交易机制为核心的碳减排政策下航空运输多主体均衡决策问题的过程中运用了该方法。

2. 准则选择法

准则选择法是结合具体的求解算法选取适合的准则，并根据相应准则运行进化算法。具体而言，该方法是对算法中的适应值采取线性求和，相较于聚合法，该方法中的权重决定于算法中的当前种群，而不是决定于决策者的主观判断。因此，准则选择法客观上避免了规划结果受决策者主观判断的影响，然而在非凸集问题的处理上该方法的效果比较弱(Schaffer,1985)。

3. Pareto 集方法

基于 Pareto 解集的概念，Pareto 集方法的基本思想是设计进化算法时建立一种从多个目标值到基于秩的适应度函数的映射(Deb and Kalyanmoy,2001)。因此，相较于前两种方法，Pareto 集方法更加符合多目标的本质，也更容易获得客观的解集。在之前的相关研究中，已有很多算法为处理多目标嵌入了 Pareto 集方法，如多目标粒子群算法、多目标遗传算法等。

2.2 非合作博弈

碳交易市场下航空运输多主体均衡决策问题中往往涉及多个组织，这些组织间相互作用、相互影响。作为管理者应该权衡这些组织间的交互作用，在权衡过程中，应该强调交互式系统方法的使用。很多研究者使用非合作博弈理论来描述并解决包含多个层级的系统性决策问题。在运用基于非合作博弈理论的数学模型时,各个层级决策者的目标与决策均会被表示成目标函数与决策变量。然而,相较而言,非合作博弈中具有优势地位的决策者在决策过程中比其他决策者有着更多的主导权。换言之,具有优势地位的决策者的决策会对其他决策者产生更大的影响。因此,通常情况下基于非合作博弈的决策问题是一种主从递阶系统问题。在非合作博弈理论的求解方法中,二层规划模型是最简单、最基本且最常见的一类。一般而言,解决具有相互制约的主从关系系统问题的决策机制为斯坦克尔伯格主从策略。首先,具有优势地位的决策者基于自身的目标与约束做出决策,随后处于相对劣势地位的决策者根据具有优势地位的决策者的决策和自身的目标与约束进行决策;其次,具有优势地位的决策者又根据处于相对劣势地位的决策者给出的决策和自己的约束与目标进行决策,决策者不断基于对方的决策变量与目标函数值不断更新自己的决策;最后,非合作博弈得出令决策者都相对满意的决策,即满意解。这类非合作博弈理论方法被广泛应用于交通(如运输路线设计问题、通行费设置问题)、工程(如水利水电大型工程建设问题)、经济(如价格策略制定问题)与管理(如生产计划问题、供应链管理问题)等领域(Migdalas,1995;Karlof and Wang,1996;Amouzegar and Moshirvaziri,1999;Dempe et al.,2005;Scaparra and Church,2008;Yue and You,2017)。

2.2.1 基本概念

博弈一般分为合作博弈和非合作博弈(Sakawa and Nishizaki,2009)。这两种博弈之间的区别主要在于在参与者的行为相互作用时,它们之间是否存在具有约束力的合作、联合或联盟,如果有,就是合作博弈;反之,则是非合作博弈。例如,有两个寡头企业,如果它们通过达成一个合作协议使垄断利润最大化,并且每个企业在运营时都遵循协议,那么这就是合作博弈。但是,如果这两个企业之间不存在有约束力的协议,也就是说没有一方企业能够牵制另一方达成并遵守协议,这种情况下每个企业都选择自己的最优决策,就是非合作博弈。合作博弈强调的是团体理性,而非合作博弈强调的是个人理性。合作博弈的结果是增进双方的利益以及整个社会的利益,而非合作博弈的结果可能是有效率的,也可能是无效率的。合作博弈,由于合作收益的激励,内容更多地集中于参与者之间的收益分配,同时,也可回答个体与联盟的能力、公平分配方法及社会稳定模式等问题。非合作博弈则是自主决策,因此研究主要集中在包含冲突的个体行为过程和策略选择等博弈问题。所谓的策略选择对决策者间的冲突,即一策略组合中,所有的决策者都有这样的一种情况:当其他决策者不改变策略时,决策者此时的策略是最好的。也就是说,如果决策者在这个时候做出策略调整,决策者的收益将会减少。在碳交易市场下航空运输多主体均衡决策问题中,决策者间往往不会达成一个具有约束力的协议,因此需要通过非合作博弈理论进行研究。非合作博弈研究的是参与者如何在有着相互影响彼此利益的局势中选择使自己收益最大的策略,即策略选择问题。

现实应用的需求极大程度上推动了非合作博弈研究的发展。德国经济学家Stackelberg(1934)建立了双寡头模型,该模型本质上是一类特殊的非合作博弈模型。自此,非合作博弈理论的研究得以开展,Nash(1950)提出"纳什均衡"概念并证明纳什定理,发展非合作博弈的概念。关于非合作博弈,Nash(1951)最重要的贡献是明晰了局势中含有任意人数参与者及任意偏好的一种通用解概念(又称为纳什均衡),即不仅仅是二人零和博弈。而后Stackelberg和Peacock(1952)在进行市场经济问题的相关研究中提出了包含主从递阶结构的决策问题,即斯坦克尔伯格问题。斯坦克尔伯格问题是非合作博弈问题的一个特例。Bracken和McGill(1973)首次建立了双层规划模型,在建立该模型时结合了斯坦克尔伯格博弈的思想,故双层规划模型也被称为斯坦克尔伯格均衡模型。之后,Candler和Norton(1977)提出了双层规划的概念。双层规划问题中的上下层决策者之间具有典型的非合作博弈特征,其能够比较好地模拟实际问题中的动态博弈过程。此外,也有不少专家对双层规划理论研究开展了综述工作。在运用双层规划方法解决实际问题之前,需要首先考虑所涉及的问题是否具有以下特征:

(1)在所研究的问题中各决策者是分层进行管理的,每个决策层通常都对应各自的决策者。各决策层依序做出决策,下层决策者从属于上层决策者,但各层决策者也有一定的自主权。上下层决策者的最终决策均为根据自身优化目标和另一层决策者的潜在决策行为获得的满意解。

(2)各层决策者可以独立进行自身决策,各自的目标不完全相同,并且通常情况下各决策者的目标之间相互矛盾。

(3)各层决策者能够控制自身决策变量,他们会最终选择各自满意的决策变量以优化各自的目标函数。

(4)居于上层的决策者通常情况下具有较大的权力,其先进行决策,该决策能够对下层的决策产生影响。因此,下级决策者在进行决策的过程中不能违背上层的决策,但在上层决策者所允许的范围内下层决策者有决策自主权。

(5)因为决策者间有相互制约,所以下层决策也对上层决策存在影响。因此,上层决策者在决策过程中应当考虑下层决策者潜在决策行为的可能影响。所有决策者构成一个整体,由各决策者共同做出的最终决策应是令所有决策者都满意的决策。

双层模型中的下层规划本质上是上层决策的约束。由于双层规划中的各层决策者各自的优化问题相互交叉,所以双层规划问题是一个复杂的问题。另外,数学规划问题中期望获得的结果为最优解。很多研究者根据双层规划问题的最优性条件要求与复杂性求解获得某种程度的最优解。

相较于通常的单层规划模型,双层规划的约束条件一般而言包括一个数学规划模型。双层规划的一般模型为:

$$\min_{x} f_1(x,y)$$
$$\text{s.t.} \begin{cases} g_{1k}(x,y) \leqslant 0, k=1,2,\cdots,K \\ h_{1t}(x,y) = 0, t=1,2,\cdots,T \end{cases} \tag{2.1}$$

y 是以下问题的解:

$$\min_{y} f_2(x,y)$$
$$\text{s.t.} \begin{cases} g_{2i}(x,y) \leqslant 0, i=1,2,\cdots,m \\ h_{2j}(x,y) = 0, j=1,2,\cdots,n \end{cases} \tag{2.2}$$

式中,x 和 y 分别表示上下层规划的决策变量;$f_1(x,y)$ 和 $f_2(x,y)$ 分别表示上层决策者和下层决策者的目标函数;$g_{1k}(x,y)$ 和 $g_{2i}(x,y)$ 分别表示上层决策者和下层决策者的不等式约束条件;$h_{1t}(x,y)$ 和 $h_{2j}(x,y)$ 分别表示上层决策者和下层决策者的等式约束条件。

通过双层规划模型的建立,该模型所反映的主从决策的机制如下:首先,上层决策者提供一个满足上层约束的决策 x,下层决策者基于上层的策略 x 给出相应的决策 y 以优化自身目标。其次,将下层决策变量 y 提交到上层供上层决策者参考,上层决策者根据自己的决策变量 x 和下层决策变量 y 求得上层目标函数值并且分析自己的决策 x 有没有实现最优。若没有实现最优,上层决策者将通过更新 x 来重复交互操作以求最优化目标函数,上层的最优决策即为达到最优目标值时的决策变量。

双层模型可以根据以下几个不同的标准进行分类:

(1)根据上下层之间的内在关系。

基于此标准可将双层模型分为以下两类:决策控制型双层规划,上层目标函数或约束中涉及下层决策变量;目标控制型双层规划,上层目标函数或约束涉及下层目标函数或约束。

(2)根据上下层之间的交互结构。

基于此标准也可将双层模型分为以下两类:一主一从双层模型,模型中仅有一个下层决策者;一主多从双层模型,模型中有多个下层决策者。

(3)根据上下层的目标函数个数。

根据双层模型中上下层决策者目标函数的个数可将其分为以下两类:单目标双层规划模型,上下层决策者均仅有一个目标函数;多目标双层规划模型,上下层决策者中至少有一个为多目标函数。

(4)根据上下层的目标函数以及约束种类。

根据模型中是否存在线性目标函数或约束分为以下两类:双层线性模型,模型中所有的目标函数与约束都是线性的;双层非线性模型,模型的目标函数与约束中至少有一个是非线性的。

2.2.2 求解方法

双层规划中上下层决策者优化各自的目标函数时会相互影响,并在某种程度上进行妥协。因此,在求解双层规划模型的过程中不一定能够得到同时让上下层决策者实现决策最优的解。由于求解双层规划的困难性,专家学者们建议采取双层规划的 Pareto 解或满意解(Wen and Hsu,1992;Falk and Liu,1995;Alves et al.,2012)。

Bard(1988)和 Ben-Ayed(1993)证明了双层线性决策是 NP 难问题,求解这类问题比较困难。为解决二层规划问题,相关领域的专家学者们提出了多种算法,如罚函数法、最速下降法、极点算法、分支定界法、互补旋转算法以及智能算法等。其中,最常用的方法之一是 KKT 方法。该方法需要用到 KKT 条件,在数学优化中,该条件是非线性规划中解决方案最优的一阶导数测试(有时称为一阶)必要条件,前提是规律性条件得到满足。KKT 方法采用拉格朗日乘数法,仅允许等式约束。对应于 KKT 条件的方程和不等式系统通常不能直接求解,除了少数特殊情况,其中可以通过分析得出闭式解。通常,许多优化算法可以解释为数值求解 KKT 方程组和不等式的方法(Floros and Vlachou,2005)。

考虑以下非线性最小化或最大化问题:

$$\text{Optimize } f(x)$$
$$\text{s.t.} \begin{cases} g_i(x) \leqslant 0, i=1,2,\cdots,m \\ h_j(x)=0, j=1,2,\cdots,n \end{cases} \quad (2.3)$$

式中,x 是优化变量;f 是目标或效用函数,g_i 是不等式约束函数;h_j 是等式约束函数;不等式和等式约束的数量分别为 m 和 n。

(1)必要条件。

假设目标函数 $f:\mathbf{R}^n \to \mathbf{R}$ 和约束函数 $g_j:\mathbf{R}^n \to \mathbf{R}$ 和 $h_j:\mathbf{R}^n \to \mathbf{R}$ 在点 x^* 处连续可微。如果 x^* 是局部最优且优化问题满足一些规律性条件,则存在常数 μ_i

$(i=1,2,\cdots,m)$ 和 $\lambda_j(j=1,2,\cdots,n)$,称为 KKT 乘数。

对于 $\max f(x)$ 存在:

$$\nabla f(x^*)=\sum_{i=1}^{m}\mu_i\nabla g_i(x^*)+\sum_{j=1}^{l}\lambda_j\nabla h_j(x^*)$$

对于 $\min f(x)$ 存在:

$$-\nabla f(x^*)=\sum_{i=1}^{m}\mu_i\nabla g_i(x^*)+\sum_{j=1}^{l}\lambda_j\nabla h_j(x^*)$$

约束为:

$$\begin{cases} g_i(x^*)\leqslant 0, i=1,2,\cdots,m \\ h_j(x^*)=0, j=1,2,\cdots,n \\ \mu_i\geqslant 0, i=1,2,\cdots,m \\ \mu_i g_i(x^*)=0, i=1,2,\cdots,m \end{cases}$$

在特定情况 $m=0$ 下,即不存在不等式约束,KKT 条件变为拉格朗日条件,并且 KKT 乘数被称为拉格朗日乘数。

(2)充分条件。

在某些情况下,必要条件也足以实现最优性。通常,必要条件不足以实现最优性,并且需要额外的信息,如二阶充分条件。

如果最大化问题的目标函数 f 是凹函数,则必要条件足以实现最优性,不等式约束 g_i 是连续可微的凸函数和等式约束 h_i 是仿射函数。

对于平滑的非线性优化问题,以下给出二阶充分条件。找到解 x^*,λ^*,μ^*,如果对于拉格朗日条件,

$$L(x,\lambda,\mu)=f(x)+\sum_{i=1}^{m}\mu_i g_i(x)+\sum_{j=1}^{l}\lambda_j h_j(x)$$

有

$$s^{\mathrm{T}}\nabla^2 L(x^*,\lambda^*,\mu^*)s\geqslant 0$$

其中 s 是满足以下条件的向量,

$$[\nabla g_i(x^*),\nabla h_j(x^*)]^{\mathrm{T}}s=0$$

不等式约束 $g_i(x)$ 对应于严格的互补性(即 $\mu_i\geqslant 0$)均需作为约束。在不等式严格的情况下,解是严格约束的局部最小值。

对于双层规划模型[式(2.1)~(2.2)],如果下层是凸的,可采用 KKT 方法将其转化为单层规划。下层模型的拉格朗日方程构造如下:

$$L=f_2(x,y)+\sum_{i=1}^{m}\mu_i g_{2i}(x,y)+\sum_{j=1}^{n}\lambda_j h_{2j}(x,y)$$

根据所构造的拉格朗日方程和下层模型 KKT 条件的互补松弛条件,可将

下层模型转换为上层模型的附加约束,表示如下:

$$f_2(\boldsymbol{x},\boldsymbol{y}) + \sum_{i=1}^{m}\mu_i g_{2i}(\boldsymbol{x},\boldsymbol{y}) + \sum_{j=1}^{n}\lambda_j h_{2j}(\boldsymbol{x},\boldsymbol{y}) = 0$$

$$u_i g_{2i}(\boldsymbol{x},\boldsymbol{y}) = 0, i=1,2,\cdots,m$$

$$u_i \geqslant 0, i=1,2,\cdots,m$$

转化后的模型如下:

$$\min_{x} f_1(\boldsymbol{x},\boldsymbol{y})$$

$$\text{s.t.} \begin{cases} g_{1k}(\boldsymbol{x},\boldsymbol{y}) \leqslant 0, k=1,2,\cdots,K \\ h_{1t}(\boldsymbol{x},\boldsymbol{y}) = 0, t=1,2,\cdots,T \\ f_2(\boldsymbol{x},\boldsymbol{y}) + \sum_{i=1}^{m}\mu_i g_{2i}(\boldsymbol{x},\boldsymbol{y}) + \sum_{j=1}^{n}\lambda_j h_{2j}(\boldsymbol{x},\boldsymbol{y}) = 0 \\ u_i g_{2i}(\boldsymbol{x},\boldsymbol{y}) = 0, i=1,2,\cdots,m \\ u_i \geqslant 0, i=1,2,\cdots,m \end{cases}$$

转化后的模型为单层规划模型,根据其具体特征可能可采用 CPLEX、Gurobi、Lingo 等求解器求解,也可能需要设计针对性启发式算法进行求解。

第3章 仅考虑碳交易市场的航空运输多主体均衡决策研究

3.1 问题陈述

工业革命后,化石燃料的大量使用推动人类文明迅速发展。但是,在物质财富快速积累的同时,温室气体排放量也急剧增加,这导致了重大的气候变化,在最近几十年里尤其显著(Gössling and Upham,2009;van Soest et al.,2021)。二氧化碳所产生的温室效应占整体的 26% 左右,但其对于全球的气候变化具有重大影响(Wheeler and Von Braun,2013;Revesz et al.,2014;Liu et al.,2020)。二氧化碳排放被认为是地球气候变化的主要原因之一,碳排放造成的全球变暖已对人类的经济和社会发展造成了严重的不利影响(IPCC,2017;Ribeiro,2019)。在过去的几十年里,气候变化已成为一个日益普遍和紧迫的问题(IPCC,2021)。1997 年的《京都议定书》、2009 年的《哥本哈根协议》和 2015 年的《巴黎协定》是三个里程碑式的国际法律文本,构成了当前全球气候变化最主流的治理模式(Chen et al.,2022;淳伟德等,2022)。在 2021 年《联合国气候变化框架公约》第 26 次缔约方大会上,190 多个与会国同意加快应对气候变化行动,并在 2022 年底前重新评估各自的 2030 年碳减排目标。世界各国为应对气候变化做出了许多努力,减少碳排放对全球的气候来说至关重要。

随着社会经济的不断发展,飞机正迅速成为最重要的交通工具,航空运输中的碳排放问题受到广泛的关注。根据国际航空运输协会(International Air Transport Association,IATA)的数据,2019 年全球商业航空运输的二氧化碳总排放量达到 9.18 亿吨,占全球二氧化碳排放量的 2.5%(Schäfer et al.,2009;IATA,2021)。航空运输业在带来可观的经济收益的同时,也对环境带来了巨大的挑战(Rathore and Jakhar,2021)。随着国际贸易量的增长,航运业的碳排放量急剧增加。据国际民用航空组织(International Civil Aviation Organization,ICAO)估计,随着航空业的增长,2050 年碳排放量预计将比 2020 年增长 3 倍左右(ICAO,2019)。据统计,全球航空碳排放量总体占比虽不高,但增长速度为各行业之首,其对气候变化的负面影响不容忽视(孟小桦,2022)。航空运输的碳排放问题日益显著,已成为各个国家实现碳中和目标的主要障碍之一(Hihara,2015)。因此,减缓航空运输的碳排放对于航空业的可持续发展至关重要。

碳交易是为促进全球温室气体减排所采取的重要市场手段,是解决气候问题和实现碳中和目标的重要举措。碳交易机制作为影响碳排放额度分配的关键因素非常重要,对降低碳排放具有重要意义,已在全世界得到广泛应用(Li and Tang,2017)。许多政策和法律都与碳交易机制相适应,如欧盟碳排放交易计划和中国碳排放交易体系(Qiu et al.,2017;Wei et al.,2021)。碳交易机制的特点是政府将免费碳排放额度分配给各公司,各公司依据各自的实际碳排放量在碳交易市场上出售或购买碳排放额度。目前,国际碳交易市场主要包括两种交易机制:一种基于配额减排,称为配额交易机制;一种基于项目减排,称为减排量交易机制,以《京都议定书》中的联合履约机制、碳减排贸易机制和清洁发展机制三种机制为代表(徐玖平和卢毅,2011)。目前,碳交易机制主要覆盖了高碳排放行业,它作为迄今为止最为普及的碳排放控制手段之一,已成为缓解全球气候变化的重要政策支柱。碳交易机制鼓励企业自主减排,有利于实现航空运输业的可持续发展。

3.2 国内外研究现状

目前,国内外关于碳交易机制以及航空运输碳减排的研究已经有很多,这为本章的研究提供了重要的模型方法和研究思路,相关研究现状如下。

当一个国家或者地区被要求限制碳排放量时,碳排放权就成了一种较为稀缺的资源(Liu et al.,2015)。此时,政府必须制定碳排放权的分配规则,把碳排放权公平地分配到每个行业及每个企业,政府既要完成减排目标,又要尽可能降低减排成本。但是这种分配方式是基于企业的历史碳排放量,而未考虑企业未来的碳排放量需求。因此,需要一个二级交易市场来提高配额分配的效率,这就促进了碳交易市场最基本的交易机制——碳交易机制的产生(徐玖平和卢毅,2011)。碳配额交易通过将整体的碳排放上限以市场的方式分配给每个经济体来实现总体减排效果的最优。碳交易机制是科斯定理的一个重要应用,是以市场为基础的机制(Coase,1960),其有效运行符合科斯定理的内在逻辑,即在强有力组织安排下,分配碳排放的产权问题,从而出现碳排放额度的交易成本来实现经济效率的提升,进而达到节能减排的目标(蒋志刚,2012)。在碳交易机制中,政府分配免费的碳排放额度给航空公司,公司则根据自己的实际碳排放量决定在碳交易市场购买或出售碳排放额度。由于配额排放的价值完全通过市场交易来定价，避免了政府定价的非效率（谢怀筑和于李娜，2010）。该机制目前在世界各地已被广泛使用，是一项控制污染物排放的比较有效的市场政策（He et al.，2012）。

许多学者认为碳限额与碳交易机制不仅减少了碳排放，也促进了经济的发展。Ji 等（2017）利用斯坦克尔伯格博弈模型，重点研究了零售渠道和双渠道情形下链上成员的减排行为，发现低碳行为有助于实现减排目标，促进经济发展和社会进步。李广明和张维洁（2017）利用中国 30 个省级行政区规模工业碳排放数据研究了碳交易发挥作用的机制和影响，发现碳交易显著降低了试点地区规模工业的碳排放量，并且可以提高试点地区的工业能源技术效率和资源配置效率。Xu 等（2018）在碳限额与碳交易机制下，研究了由低碳偏好和渠道替代引起的双渠道供应链的决策与协调问题。结果表明，政府通过总量管制和碳交易政策可以有效地减少碳排放，不仅可以提高环境质量，也能实现经济与环境的协调发展。任亚运和傅京燕（2019）以碳交易试点政策为例，基于 2008—2015 年中国 30 个省级行政区面板数据，采用双重差分法进行实证检验，认为中国碳交易政策在促进了试点地区碳排放强度下降的同时，还促进了试点地区整体绿色发展。余萍和刘纪显（2020）运用双向固定效益模型研究了碳交易市场规模的绿色效应和经济增长效应，得出扩大碳交易市场规模在提高环境质量的同时，也促进了经济增长的结论。王中和元燕（2021）认为碳交易的不断向前发展将进一步增强金融服务实体经济的能力，扩大金融市场规模，加强金融市场基础设施建设，推动金融市场创新进程。姚星等（2022）以 2013 年末在中国 7 个省市开展的碳排放权交易试点作为自然实验，建立了一个三重差分模型以研究碳交易机制对企业绿色创新的影响。结果表明，碳交易机制能够促进企业的绿色创新，推动社会经济的可持续发展。

此外，也有大量的学者讨论了碳交易机制在各个行业中的应用。Lee 等（2008）分析了将碳排放权交易和碳税相结合对不同行业部门的影响，指出根据历史排放比例分配碳排放配额，可以保证碳减排良好的行业部门有剩余销售许可，从而可以相对补偿其因碳减排而造成的国内生产总值损失。宋旭东等（2013）遵循公平和效率两个原则，提出了基于区域比较的两级分配模型，通过模拟仿真对电力行业的碳排放配额分配进行了研究。结果表明，该分配机制能够合理分配碳排放权。Chang 和 Lai（2013）讨论了运输行业的碳排放配额分配问题，得出碳排放配额分配政策可以减轻运输碳排放，对经济活动的负面影响相对较小的结论。Steven 和 Merklein(2013)研究了将航空业纳入欧盟排放交易体系对碳排放的影响程度,发现在给定的时间段内,欧洲航空公司的平均碳强度比非欧洲航空公司低。李进和张江华(2014)针对物流配送路径问题,建立了一个碳排放权交易机制下的物流配送路径优化模型,得到碳排放权交易机制下的路径安排策略能够有效地减少碳排放的结论。骆瑞玲等(2014)研究了石化行业的碳配额分配问题,模拟了行业内碳交易实施对经济发展的影响,建议对石化等碳减排成本较高的行业,碳排放权分配应适度宽松,以免其因为碳减排压力而大幅削弱企业的竞争力。Martin 等(2016)研究发现若碳排放限额设定得足够严格,且受监管的碳排放主体没有严重违反制度,碳交易机制就会产生相应的减排效果。Li 等(2018)研究了建立国家碳交易市场对电力行业的影响,指出虽然碳排放权交易的实施会给整个经济带来一定的负面影响,但从长远来看,这种负面影响会消失。此外,碳排放权交易还会促进电力的清洁生产,使得碳排放量显著减少。Hu 等(2020)研究认为,在控制碳排放时,碳交易机制更适合再制造行业,它在制造商业利润、社会福利和消费者剩余方面的表现比碳税机制更好,而且只有当碳配额水平过高时,限额交易才有可能失败。张宁和刘青君(2022)通过多维度的碳交易模拟分析,证明了中国碳交易市场的巨大潜力与经济环境"双赢"目标的可能性,并且指出相同行业不同省市间进行交易时,非金属矿物制品业可实现的最大可节约成本最高。

由于近几十年来航空业的快速发展,航空运输碳排放已成为政府和航空公司的巨大挑战(Qiu et al., 2017)。2008 年 7 月,在航空业预期高增长及其对气候变化的相关影响的推动下,欧洲议会通过了一项指令,将航空公司纳入欧洲排放交易计划(Anger, 2010)。关于航空运输碳减排研究受到广大学者的广泛关注。

在航空运输碳排放限额分配问题上,决策主体如政府和航空公司之间存在目标冲突,即减少碳排放和增大利润不能同时实现。如果不能解决这些冲突,就会造成各决策主体的规划方案可行性降低。均衡策略已被认为是解决此类冲突的有力工具,并且取得了显著的效果,因此,探索政府与航空公司之间的均衡策略对于解决碳交易市场下的航空运输管理问题极为重要。

很多国内外学者研究了均衡策略在碳减排中的应用。Wright 等(2010)利用均衡理论,提出了一个由航空公司组成联盟的模型来解决航空公司追求各自利润最大化的目标冲突。刘宇等(2013)采用多区域一般均衡模型,模拟了广东省和湖北省单独的碳减排和开展跨省碳交易的碳减排成本对经济的影响,指出碳交易可以有效降低整个区域的碳减排成本，但是碳交易市场会对经济增长造成一定的影响。Xu 等(2016)提出要建立一个在碳交易机制下的双层碳额度分配均衡策略来解决政府与航空公司之间的目标冲突，并证明了该方法的有效性。Qiu 等(2017)针对碳税与碳交易混合机制下政府与多个航空公司之间的决策冲突设计了均衡决策方法，并探究了该方法对碳排放削减的效果。Zhang 等(2017)利用可计算的一般均衡模型，模拟了与中国、美国、韩国、澳大利亚、日本和欧洲国家在内的多区域综合碳排放权交易机制的建立。结果表明，碳排放权交易计划的整合将优化排放许可证的分配，并为许可证进口国带来经济福利收益。此外，对中国而言，加入多区域综合碳排放交易体系将促进清洁能源的发展。Zhao 等(2018)通过整合碳排放配额分配为基础的均衡策略，在碳排放权交易机制下，充分考虑区域主管部门与建材供应商之间的利益相关者关系，从而在建材行业的经济效益和碳排放之间达成权衡，通过一个关于四川的案例，为区域主管部门和供应商提供"双赢"的解决方案，从而控制行业的碳排放绩效。Zhang 等(2018)建立了可计算一般均衡模型，分析了不同碳配额分配方案对电力行业的影响，确定了中国电力行业配额分配方案的最佳选择，并且指出基于历史碳排放强度的电力行业碳配额分配方案可以在商品价格、电力供应、碳交易价格、国内生产总值和社会福利方面有更好的表现。段声志等(2021)探讨了碳交易市场对电力市场均衡的影响，建立了基于碳成本与碳配额约束的双层模型，得出了在碳交易市场的背景下发电商的最优决策和电力市场的均衡策略。彭春华等(2022)基于纳什均衡建立了一个碳交易机制下综合能源市场多供能主体均衡竞价模型来研究碳排放机制的应用对综合能源市场的影响，并证明了模型的有效性。

这些研究启发了笔者建立一种基于均衡策略的方法来解决航空运输减排与航空运输碳利润之间的冲突，以确保航空运输的可持续发展。碳交易机制下航空运输决策系统涉及一个多目标双层决策体系。因此，本章研究了在碳交易市场下航空运输碳减排问题，提出在碳交易市场框架下，建立一个双层模型来解决控制碳排放与航空公司利润之间的冲突，并从宏观视角来研究问题。

3.3 参数说明与模型构建

3.3.1 参数说明

本章用于描述碳交易市场下的航空运输多主体均衡决策问题的数学符号及其说明见表3.1。

表 3.1 数学符号说明

变量	符号	说明
指标	i	第 i 个航空公司,其中 $i \in \Omega = \{1,2,\cdots,I\}$
	I	航空公司数量
参数	M_T(kg)	碳排放限额
	M_F(kg)	免费的总碳排放额度
	M_P(kg)	非免费的总碳排放额度
	HM(kg)	按历史碳排放量分配的免费碳配额
	QM(kg)	剩余的免费碳配额
	M_{hi}(kg)	按历史碳排放量分配给航空公司 i 的免费碳配额
	R_i	航空公司 i 的历史年利润
	H_i(kg)	航空公司 i 的历史年碳排放量
	C	实施碳配额分配政策的成本
	EF_t(kg-CO_2/kg)	传统航空燃料的碳排放系数
	EF_b(kg-CO_2/kg)	生物燃料的碳排放系数
	P_b	生物燃料的价格
	P_t	传统航空燃料的价格
	P_c	碳交易市场的碳交易价格
	m_{ti}(kg)	航空公司每年的传统航空燃料量
	λ_i	航空公司 i 的历史碳排放量占该行业的百分比
	η	边际政策成本限制
	σ	生物燃料占比上限
	α	免费碳配额水平
	β	按历史碳排放量分配的免费碳排放额度水平
	ρ	碳限额水平
函数	AE_i	航空公司 i 的实际年碳排放量
	TE	所有航空公司总碳排放量
	W_i	航空公司 i 的营业利润
	BSC_i	航空公司 i 的碳交易量
	MTC	实施政策的总边际社会成本
决策变量	M_{qi}(kg)	政府分配给航空公司 i 的其余碳排放额度
	m_{bi}(kg)	航空公司 i 购买的生物燃料数量

3.3.2 模型构建

本章中,政府的目标是保障分配政策的公平性并且尽可能地收紧实际碳排放额度的限额,航空公司的行为受政府调控,因此,航空公司追求利润最大化的目标就会受到约束。最近的研究表明,随着全球空中运输的不断发展,全球航空日益增长的需求与政府的碳减排措施相冲突(Bows and Anderson,2007)。由于空中交通的不断发展,二氧化碳排放量将继续上升(杨旭彪和朱丽萍,2015)。技术和操作效率的提高以及替代燃料的使用被广泛认为是实现航空业碳减排目标的长期方法。本章假定航空公司需要购买生物燃料来实现减排目标,政府则需要进行碳配额的合理调配来保证公平性。目前的碳排放额度分配机制有祖父法和基准线法。祖父法是根据企业的历史碳排放量来确定分配免费碳排放额度(Fang et al.,2019)。基于此,本章一部分碳排放额度采用祖父法,另一部分碳排放额度由政府根据目标和约束条件来分配。总之,针对碳交易市场下的航空运输碳减排问题,本章在碳交易机制下,从政府和航空公司两个方面建立双层决策模型。通过此方法能统筹解决双方的目标冲突,得到一个彼此认为较合理的结果。

在建立双层模型前,需要提出以下假设:

(1)这是一个单周期的碳额度分配,即在某段时期的开始阶段,政府分配给各航空公司的免费碳排放额度和投放在碳交易市场中的碳排放额度是确定的。下一个周期,政府可能会根据企业的实际运营情况作出调整,这个假设符合实际情况,是合理的。

(2)为了方便计算,在这个单周期中,假设碳交易市场中碳交易价格是某个确定的值。

(3)航空公司的实际碳排放量与政府分配的免费碳排放额度之间的差异,可通过在碳交易市场上卖出或者买入碳排放额度来填补。这个假设是为了确保碳交易市场存在的合理性。

(4)在不改变执飞计划的前提下,每个航空公司的决策变量为使用多少生物燃料,即航空公司在本期内的实际碳排放量为上期历史碳排放额度减去因采用生物燃料而减少的碳排放量。此假设简化了实际情况,在航空公司满足客户需求的前提下,把问题聚焦在生物燃料的使用情况上。

(5)政府和航空公司都是理性的决策者,可以充分理解各自的目标和所受到的约束。该假设说明各方决策者了解所有信息,可以有效进行权衡。

(6)该模型建立在碳交易机制下,存在碳排放额度上限和碳交易市场的因素,不考虑碳税机制。

针对碳交易市场下的航空运输碳减排问题,该模型提出了政府的碳排放额度分配决策以及航空公司生物燃料使用量决策。政府和航空公司分别有各自的目标函数与资源约束条件,其构成了碳交易机制下的多目标双层模型。

政府的碳排放配额分配:作为最高层级的决策机构,政府对各航空企业行使引导权,其目标为实现环境基尼系数和航空企业的总年度实际碳排放量的最小化。为了实现政府的目标,关键点就在于如何实施碳排放额度的分配工作。

环境基尼系数:基尼系数又称洛伦茨系数,是由阿尔伯特·赫希曼根据洛伦茨曲线提出的用于测度一个社会收入分配平等程度的重要指标,基尼系数取值从 0 到 1,基尼系数等于 0 代表收入分配绝对平等,而基尼系数等于 1 代表收入分配绝对不平等,基尼系数越小,平等程度越高;反之,不平等程度越高(Milanovic,1997)。基尼系数通常把 0.4 作为收入分配差距过高的"警戒线"(Xiao et al.,2009)。为了确保航空业的可持续发展,政府在进行碳排放额度分配时一定要保持公平性,即每个航空公司都有同等的碳排放权,这是反映配额分配可行性与公平性的重要原则。为了衡量分配结果是否符合平均主义理论,保障政策的实施符合实际情况,我们使用环境基尼系数来衡量该分配结果的公平性。环境基尼系数的直接计算方法以"相对平均差"来衡量公平性(Kong et al.,2019;Wiedenhofer et al.,2017): $Gini = \frac{1}{2N(N-1)\bar{Y}} \sum_{i=1}^{N} \sum_{j=1}^{N} |Y_i - Y_j|$。其中 N 代表个体数,Y_i 和 Y_j 代表任意一对个体,$\bar{Y}$ 指个体的平均值。基于此计算方法,将各公司单位经济效益下的实际碳排放量 $\left(\frac{AE_i}{W_i}\right)$ 代入来体现政府碳排放额度分配的公平性。由此可见,环境基尼系数最小化也是政府的目标之一,它体现了政府碳排放额度分配时的公平性原则,表示如下:

$$\min EGC = \sum_{i \in \Omega} \sum_{j \in \Omega} \frac{1}{2(I-1) \sum_{i \in \Omega} \frac{AE_i}{W_i}} \left| \frac{AE_i}{W_i} - \frac{AE_j}{W_j} \right| \tag{3.1}$$

式中,$\frac{AE_i}{W_i}$ 是航空公司 i 每单位营业利润的实际碳排放量,也可以表示为:

$$\frac{AE_i}{W_i} = \frac{H_i - m_{bi}(EF_t - EF_b)}{R_i - m_{bi}P_b - P_c[H_i - m_{bi}(EF_t - EF_b) - HM_i - QM_i] - P_t(m_{ti} - m_{bi})}$$

航空公司的实际碳排放量:航空公司在不改变历史执飞计划的前提下,决策变量仅为购买的生物燃料量。因此,航空公司 i 的实际碳排放量为历史碳排放量减去使用生物燃料所节约的碳排放额度,即 $H_i - m_{bi}(EF_t - EF_b)$。其中,碳排放系数是指每一种能源燃烧或使用过程中单位能源所产生的碳排放数量。相应地,航空公司使用生物燃料所减少的碳排放量表示为 $m_{bi}(EF_t - EF_b)$。政府为了减少航空运输业的碳排放,需要将总碳排放量最小化作为目标之一,表示如下:

$$\min TE = \sum_{i \in \Omega} AE_i = \sum_{i \in \Omega} [H_i - m_{bi}(EF_t - EF_b)] \tag{3.2}$$

政府的分配约束:碳排放限额 (M_T) 是由航空公司历史年碳排放量决定的,

政府根据碳减排目标,设置一定的碳限额水平 ρ。碳排放限额(M_T)被分为两部分:免费碳排放额度(M_F)、投放在碳交易市场的非免费碳排放额度(M_P)。M_P 价格由碳交易市场给定(Flachsland et al.,2011;Xu et al.,2016)。在本章中,为了简化计算,将价格取为定值。根据免费碳配额水平 α,对政府的免费碳排放额度(M_F)设定了限制,政府可以据此将碳排放限额派发给各航空公司(Xu et al.,2016)。其表示如下:

$$M_T = \rho \sum_{i \in \Omega} H_i \tag{3.3}$$

$$M_T = M_F + M_P \tag{3.4}$$

$$M_F \geqslant \alpha M_T \tag{3.5}$$

免费的总碳排放额度分配如下:一部分额度按照各航空公司的历史碳排放量占比来分配,剩余的免费碳配额由政府继续分配。因此,免费的总碳排放额度又可分为两部分(HM 和 QM),其中,按照历史排放量分配的碳排放水平 β 被确定后,政府可按两种方式将免费碳的总碳排放额度分配给对应的各航空公司。航空公司 i 依照祖父法分得的免费碳配额 HM_i 占行业排放量的比例为 λ_i。其表示如下:

$$M_F = HM + QM \tag{3.6}$$

$$HM \geqslant \beta M_F \tag{3.7}$$

$$M_{hi} = \lambda_i HM, i \in \Omega \tag{3.8}$$

$$QM = \sum_{i \in \Omega} M_{qi} \tag{3.9}$$

政策工具的选择首先是一项政治决定,不能脱离实际,需要考虑一项政策的交易、组织和执行成本(Mendes and Santos,2008),交易成本巨大可能是阻碍航空业进行碳排放额度限额与碳交易的主要因素。所以,为了更好地应对行业中的压力,边际碳排放成本应控制在一定范围内:

$$MTC \leqslant \eta \tag{3.10}$$

式中,边际碳排放成本 MTC 也可以表示为:

$$MTC = \frac{C + \sum_{i \in \Omega} \{m_{bi}(P_b - P_t) + P_c[H_i - m_{bi}(EF_t - EF_b)_i - HM_i - QM_i)]\}}{\sum_{i \in \Omega}[m_{bi}(EF_t - EF_b)]}$$

航空公司的决策计划:政府制定的碳排放额度分配政策在某种程度上限制了航空公司的行为,政府的目的是使环境基尼系数最小化,保障分配政策的公平性和实际总碳排放量最小化,确保分配政策的可行性。航空公司在此限制下的能做的决策行为是购买多少生物燃料来实现最大的经济效益。

经济效益:每个航空公司的经济效益来源于售卖飞机票带来的业务收益,在不改变执飞计划的前提下,第 i 个航空公司的利润为历史利润(R_i)减去燃料成本$[m_{bi}P_b+P_t(m_{ti}-m_{bi})]$,再减去航空公司用于碳交易市场上的交易成本($P_c BSC_i$)。其中,$P_c$是碳交易价格,为定值;$BSC_i$是碳交易额度。碳交易额度的大小取决于政府的实际碳排放与分配的碳排放额度之间的差值,当航空公司 i 的实际碳排放量大于分配的碳排额度,则该公司需要从碳交易市场中购买碳排放额度,BSC_i为正值;相反,若实际碳排放量小于分配的免费碳排放额度,则可以通过碳交易市场向其他公司出售多余的碳排放额度。所以航空公司 i 的利润最大化可表示为:

$$\max W_i = R_i - m_{bi}P_b - P_c BSC_i - P_t(m_{ti}-m_{bi}) \tag{3.11}$$

生物燃料配比限制:目前由于技术限制,生物燃料与传统燃料之间的混合存在一定的比例限制,表示如下:

$$0 \leqslant m_{bi} \leqslant \delta m_{ti}, \forall i \in \Omega \tag{3.12}$$

碳交易限制:航空公司可根据实际碳排放量来确定在碳交易市场购买或出售的碳排放额度量,下列式子给出了航空公司可以在市场交易的碳排放额度:

$$BSC_i = BSC_i^+ - BSC_i^-, \forall i \in \Omega \tag{3.13}$$

$$BSC_i = AE_i - M_{hi} - M_{qi}, \forall i \in \Omega \tag{3.14}$$

$$BSC_i^+ \geqslant 0, BSC_i^- \geqslant 0, \forall i \in \Omega \tag{3.15}$$

航空公司的净买入碳排放额度不能超过政府分配的非免费的总碳排放额度:

$$\sum_{i \in \Omega}(BSC_i^+ - BSC_i^-) \leqslant M_P \tag{3.16}$$

对于航空公司 i 来说,只能在碳交易市场中选择卖出或买入碳排放额度,不能同时进行,即:

$$BSC_i^+ \cdot BSC_i^- = 0, \forall i \in \Omega \tag{3.17}$$

整体模型:为了满足旅客的正常需求、保证航空公司的利润以及控制碳排放量,本章提出建立双层模型来解决各主体间的目标冲突。首先,航空公司的行为受政府的管控,政府为了体现分配政策的公平性,需要最小化环境基尼系数[即式(3.1)]。其次,为了体现环保原则,政府需要降低总的实际碳排放额度[即式(3.2)]。同时,政府的分配政策受到一些约束[即式(3.3)~(3.10)]。第二层模型中,航空公司的目标为利润最大化[即式(3.11)],由于政府分配政策的限制,航空公司需要根据实际碳排放额度来判断,如果实际碳排放量大于政府分配的额度,则需要到市场上购买;反之,则出售[即式(3.14)]。最后,航空公司还受到市场规则的约束[即式(3.13)、式(3.15)~(3.17)],航空公司的决策变量为购买多少生物燃料来代替传统燃料,燃料的混合配比也受到限制[即式(3.12)]。基于以上的分析可知,我们可以利用双层模型来解决政府与航空公司的之间的目标冲突,因此,我们可以通过式(3.18)描述整个问题。

$$\min EGC = \sum_{i \in \Omega} \sum_{j \in \Omega} \frac{1}{2(I-1) \sum_{i \in \Omega} \frac{AE_i}{W_i}} \left| \frac{AE_i}{W_i} - \frac{AE_j}{W_j} \right|$$

$$\min TE = \min \sum_{i \in \Omega} AE_i = \sum_{i \in \Omega} [H_i - m_{bi}(EF_t - EF_b)]$$

$$\text{s.t.} \begin{cases} M_T = \rho \sum_{i \in \Omega} H_i \\ M_T = M_F + M_P \\ M_F \geqslant \alpha M_T \\ M_F = HM + QM \\ HM \geqslant \beta M_F \\ M_{hi} = \lambda_i HM, i \in \Omega \\ QM = \sum_{i \in \Omega} M_{qi} \\ MTC \leqslant \eta \\ \max W_i = R_i - m_{bi} P_b - P_c BSC_i - P_t (m_{ti} - m_{bi}) \\ \text{s.t.} \begin{cases} 0 \leqslant m_{bi} \leqslant \delta m_{ti}, \forall i \in \Omega \\ BSC_i = BSC_i^+ - BSC_i^-, \forall i \in \Omega \\ BSC_i = AE_i - M_{hi} - M_{qi}, \forall i \in \Omega \\ BSC_i^+ \geqslant 0, BSC_i^- \geqslant 0, \forall i \in \Omega \\ \sum_{i \in \Omega} (BSC_i^+ - BSC_i^-) \leqslant M_P \\ BSC_i^+ \cdot BSC_i^- = 0, \forall i \in \Omega \end{cases} \end{cases} \quad (3.18)$$

模型转换:为了刻画政府与航空公司之间的关系,我们引入了双层规划。双层规划描述的是两个有一定目标冲突的并且具有层级性关系的决策者。首先,政府作为主导者,处于最高层级,其目标是最大限度满足碳减排目标以及企业间碳排放额度分配的合理性。其次,航空公司也享有一定决策权,为了追求利润最大化,采取购买生物燃料的措施减少碳排放。最后,求解双层规划问题是比较困难的,因为内部优化问题一般很难找到其解析解。Colson 等(2007)发现当下层问题是凸的正则问题,可以利用 KKT 方法将其转化为上层问题的约束条件,从而将双层规划变为简单的单层规划。Xu 等(2020)针对城市固体物和燃煤共同燃烧的碳减排问题,采用双层规划来刻画这一问题,通过 KKT 方法进行求解。在本章中,下层规划问题中的目标函数与约束条件为线性的,可采用 KKT 方法将其转化为简单的单层规划。

首先，下层模型的拉格朗日方程构造如下：

$$L = R_i - m_{bi}P_b - P_c[H_i - m_{bi}(EF_t - EF_b) - HM_i - QM_i] -$$
$$P_t(m_{ti} - m_{bi}) + u_i(m_{bi} - \delta m_{ti}) + v\sum_{i\in\Omega}\{[H_i - m_{bi}(EF_t - EF_b) -$$
$$HM_i - QM_i] - M_P\} + \omega_i(-m_{bi}) - P_b + P_c(EF_t - EF_b) + P_t +$$
$$u_i - v(EF_t - EF_b) - \omega_i = 0 \qquad (3.19)$$

其次，根据构造的拉格朗日方程和下层模型 KKT 条件的互补松弛条件，可以将下层模型转换为上层模型的附加约束，表示如下：

$$u_i(m_{bi} - \delta m_{ti}) = 0 \qquad (3.20)$$

$$v\sum_{i\in\Omega}\{[H_i - m_{bi}(EF_t - EF_b) - HM_i - QM_i] - M_p\} = 0 \qquad (3.21)$$

$$\omega_i(-m_{bi}) = 0 \qquad (3.22)$$

$$u_i, \omega_i, v \geqslant 0 \qquad (3.23)$$

最后，转化后的模型如下：

$$\min EGC = \sum_{i\in\Omega}\sum_{j\in\Omega}\frac{1}{2(I-1)\sum_{i\in\Omega}\frac{H_i - m_{bi}(EF_t - EF_b)}{R_i - m_{bi}P_b - P_c[H_i - m_{bi}(EF_t - EF_b) - M_{hi} - M_{qi}] - P_t(m_{ti} - m_{bi})}} \cdot \left|\frac{AE_i}{W_i} - \frac{AE_j}{W_j}\right|$$

$$\min TE = \sum_{i\in\Omega}AE_i = \sum_{i\in\Omega}[H_i - m_{bi}(EF_t - EF_b)]$$

$$\text{s.t.} \begin{cases} M_T = \rho \sum_{i \in \Omega} H_i \\ M_T = M_F + M_P \\ \alpha M_T = M_F \\ M_F = HM + QM \\ \beta M_F = HM \\ HM_i = \lambda_i HM, i \in \Omega \\ QM = \sum_{i \in \Omega} M_{qi} \\ \dfrac{C + \sum_{i \in \Omega}\{m_{bi}(P_b - P_t) + P_c[H_i - m_{bi}(EF_t - EF_b) - HM_i - QM_i)]\}}{\sum_{i \in \Omega}[m_{bi}(EF_t - EF_b)]} \leqslant \eta \\ -P_b + P_c(EF_t - EF_b) + P_t + u_i - v(EF_t - EF_b) - \omega_i = 0 \\ m_{bi} \leqslant \delta m_{ti} \\ \sum_{i \in \Omega}[H_i - m_{bi}(EF_t - EF_b) - HM_i - QM_i] \leqslant M_P \\ m_{bi} \geqslant 0 \\ u_i(m_{bi} - \delta m_{ti}) = 0 \\ v\sum_{i \in \Omega}\{[H_i - m_{bi}(EF_t - EF_b) - HM_i - QM_i] - M_P\} = 0 \\ \omega_i(-m_{bi}) = 0 \\ u_i, \omega_i, v \geqslant 0 \end{cases} \quad (3.24)$$

多目标处理：为了简化整体模型[即式(3.24)]的计算，这里引入一种加权求和方法来处理政府的多个目标[即式(3.1)和式(3.2)]。如果只考虑一个目标而忽略其他目标，在全局模型的所有约束下可以找到这个目标的最优值。因此，碳排放额度分配公平性目标的最优值和总碳排放量最优值是可以找到的，其分别表示为 $EGC_{\max}$ 和 $TE_{\max}$。然后，政府的适应度函数可以表示为：$f_{\text{upper}} = \varepsilon_1 \times \dfrac{EGC}{EGC_{\max}} + \varepsilon_2 \times \dfrac{TE}{TE_{\max}}$，其中 ε_1 和 $\varepsilon_2 (\varepsilon_1 + \varepsilon_2 = 1)$ 为政府根据目标的重要性程度而设定的权重。

3.4 算例分析

3.4.1 相关数据

本节通过一个基于对实际相关数据进行采集、云存储、脱敏处理、质量控制等操作的算例来展示所提出的优化方法在分配碳排放份额、选择合适的生物燃料使用量中的效果。模型相关的数据见表3.2和表3.3。

表 3.2 航空公司相关参数值

参 数	航空公司 1	航空公司 2
历史年利润 R_i(元)	23 382 000 000.00	5 601 000 000.00
历史年碳排放量 H_i(吨)	4 679 000.00	784 579.00
年使用航空燃料量 m_{ti}(吨)	1 485 396.83	249 072.70
历史碳排放量的百分比 λ_i	86%	14%

表 3.3 模型中使用的其他参数值

参 数	数 值
传统航空燃料的碳排放系数 EF_t(吨)	3.15
生物燃料的碳排放系数 EF_b(吨)	0.35
传统航空燃料价格 P_t(元/吨)	5 566
生物燃料价格 P_b(元/吨)	10 000
碳交易价格 P_c(元/吨)	30.82
边际政策成本限制 η(元/吨)	2 919
生物燃料占比上限 δ	0.5
免费碳配额水平 α	0.5
按历史碳排放量分配的免费碳排放额度水平 β	0.5
实施政策的成本 C(元)	5 000 000
碳排放限额 M_T(吨)	5 190 400

3.4.2 结论和分析

本章将均衡策略与碳交易机制结合,设计一个多目标双层模型,以帮助政府对碳排放额度做出分配决策和航空公司对生物燃料使用量做出购买决策。当碳排放限额 $M_T=5\ 190\ 400$ 吨(碳限额水平 $\rho=95\%$)时,经计算,政府的分配政策和航空公司的应对策略见表 3.4 和表 3.5。

表 3.4 政府的分配政策

参 数	航空公司 1	航空公司 2
免费的总碳排放额度(吨)	5 190 400	
非免费的总碳排放额度(吨)	0	
按历史碳排放量分配到的免费碳配额(吨)	2 222 525	372 675
分配的其余碳排放额度(吨)	2 595 200	0
分配到的总碳排放额度(吨)	4 817 725	372 675

表 3.5　航空公司的应对策略

参　　数	航空公司 1	航空公司 2
购买的生物燃料量(吨)	742 698.4	124 536.4
碳交易量(吨)	−2 218 281	63 202
实际年碳排放量(吨)	2 599 444	435 877
历史年碳排放量(吨)	4 679 000	784 579
碳减排量(吨)	2 079 556	348 702
碳减排总量(吨)	2 428 258	
实际利润(万元)	1 156 537	360 652
历史利润(万元)	2 338 200	560 100
利润减少额(万元)	1 181 663	199 448
利润减少总额(万元)	1 381 111	

由表 3.4 与表 3.5 可知,当碳排放限额 $M_T=5\ 190\ 400$ 吨时,对政府来说,分配政策应该为将所有碳排放额度都免费分配给两家航空公司,按照历史碳排放量,航空公司 1 免费分得碳配额 2 222 525 吨,航空公司 2 免费分得碳配额 372 675 吨;同时,政府把剩余的碳排放额 2 595 200 吨全部分配给航空公司 1。因为航空公司 1 所免费分配的碳额度高于其年实际碳排放量,所以航空公司 1 可以将多余的碳排放额度放到碳交易市场售卖,而航空公司 2 免费所分配的碳排放额度不足以满足其实际的年碳排放需求,所以航空公司 2 需要从碳交易市场上购买碳排放额度,航空公司 1 向碳交易市场卖出碳排放额 2 218 281 吨,航空公司 2 公司向碳交易市场买进碳排放额 63 202 吨。同时,航空公司 1 购买生物燃料 742 698.4 吨,航空公司 2 购买生物燃料 124 536.4 吨。相应地,两家航空公司的实际碳排放量都有了明显的下降。航空公司 1 的碳排放量下降了 44.4%,下降至 2 599 444 吨;航空公司 2 的碳排放量也下降了 44.4%,下降至 435 877 吨,总碳排放量减少了 44.4%。在经济效益方面,航空公司 1 实际利润下降至 1 156 537 万元,减少了 50.5%;航空公司 2 实际利润下降至 360 652 万元,减少了 35.6%,两家航空公司的利润总额下降了 47.7%。从图 3.1 和图 3.2 我们可以看出航空公司 1 和航空公司 2 的减排效果显著,但与此同时,也带来了更大的利润损失。

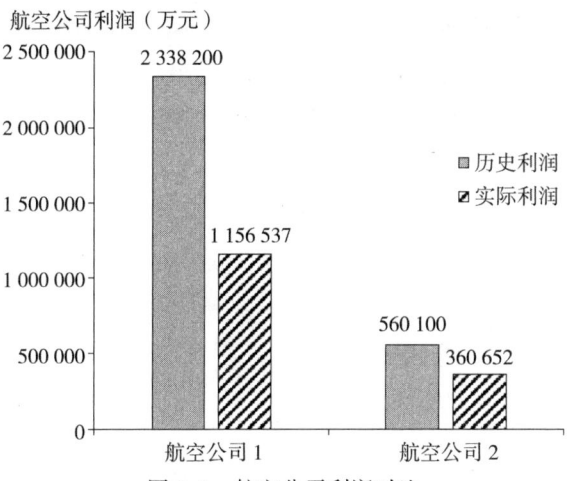

图 3.1　航空公司利润对比

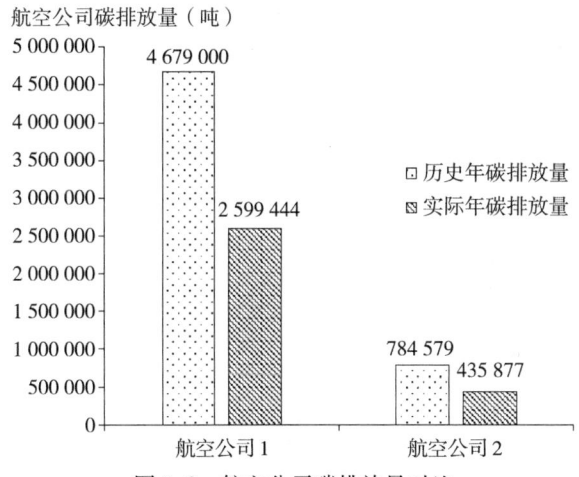

图 3.2　航空公司碳排放量对比

上述分析都是在生物燃料占比上限 $\delta=0.5$ 的条件下得出的,目前,由于技术的不断进步,航空公司可以使用更高比例的生物燃油进行飞行任务。下面我们讨论了当混合燃料比 $\delta=0.5$、0.6、0.7、0.8、0.9、1.0 时,政府的分配政策和模型给出的不同方案的减排效果及利润情况。

将碳排放限额 M_T 控制在 5 190 400 吨,模型给出的结果为:当 $\delta=0.6$、0.7、0.8、0.9 与 1.0 时,政府的分配策略为将碳排放额度免费分给两家航空公司,并且两家航空公司分到的碳排放额度没有发生改变。这说明生物燃料占比上限 δ 的增加并不会影响政府的分配策略。

由图 3.3 和图 3.4 可知,随着技术进步,生物燃料的使用比例上升,减排效果逐渐增强。当 $\delta=1.0$ 时,航空公司 1 相比于历史碳排放量,减少碳排放 4 159 111 吨,减排效果达 88.9%;同时,航空公司 2 相比于历史碳排放量,减少碳排放 697 404 吨,减排效果达 88.9%。相应地,由图 3.5 可知,随着生物燃料占比上限的增加,两家航空公司的利润也在逐渐减少。航空公司 1 的总利润下降了 290 839 万元,约 25.1%;航空公司 2 的总利润下降了 48 768 万元,约 13.5%。δ 由 0.5 到 1.0,减排效果提升了 44.5% 左右,利润下降了 22.4% 左右。

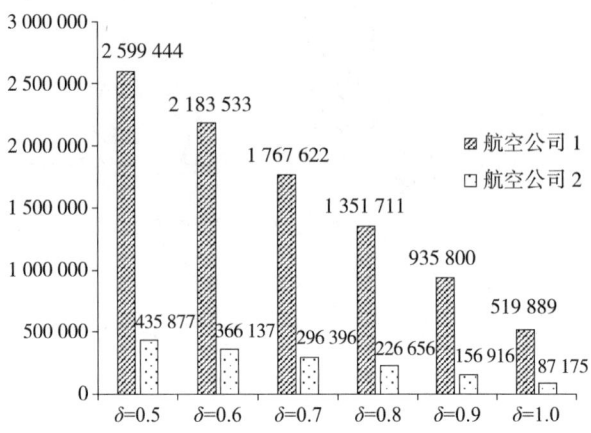

图 3.3 不同生物燃料占比上限下航空公司碳排放量

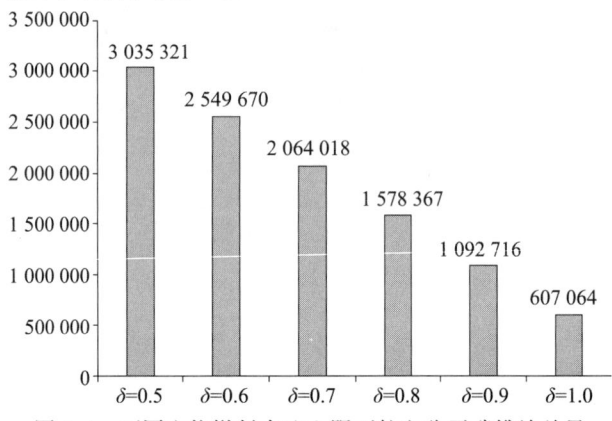

图 3.4 不同生物燃料占比上限下航空公司碳排放总量

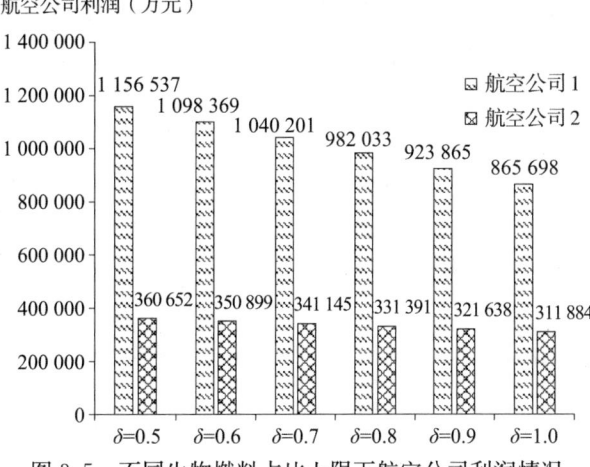

图3.5 不同生物燃料占比上限下航空公司利润情况

同时,由图3.6我们也可以看到,随着生物燃料占比上限的增大,航空公司因为减排而造成的边际收益损失比值也在逐渐下降,由$\delta=0.5$时的0.56下降为$\delta=1.0$时的0.35,下降了38%左右。

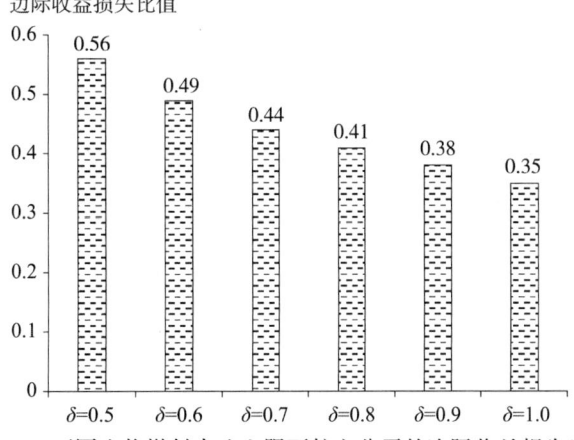

图3.6 不同生物燃料占比上限下航空公司的边际收益损失比值

以上分析都是在碳限额水平$\rho=95\%$的条件下得出的,下面我们讨论生物燃料占比上限$\delta=0.5$不变,碳限额水平$\rho=93\%$、94%、95%、96%、97%的情况下,政府的分配政策、模型给出的减排效果以及航空公司的利润情况。

由图3.7可知,当碳限额水平$\rho=93\%$、94%、95%、96%、97%时,即碳排放限额$M_T=5\,081\,128$、$5\,135\,764$、$5\,190\,400$、$5\,245\,036$、$5\,299\,672$吨时,对政府来说,分配策略应该为将所有碳排放额度都免费分配给两家航空公司。另外,根据模型给出的结果,两家航空公司的年总碳排放量依然不变,航空公司1和航空公司2分别排放2 599 444吨、435 877吨。这说明随着碳限额水平ρ从93%增加到97%,航空公司的减排效果不变。因为航空公司1所免费分配的碳排放额度均高于其年实际碳排放量,所以航空公司1可以将多余的碳排放额度放到碳交易市场售卖。然而,航空公司2所分配到的碳排放额度均小于其年实际碳排放量,故航空公司2需要到碳交易市场上购买所需的碳排放额度。同时,随着碳限额水平 ρ 的增大,两家航空公司购买的生物燃料量也不变,依然为航空公司1 742698.4 吨,航空公司2 124536.4 吨。

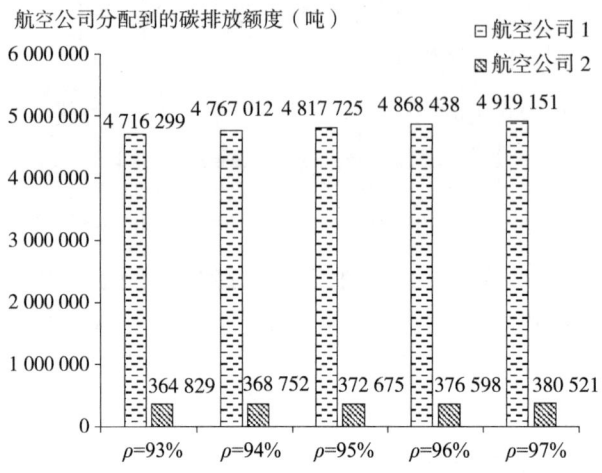

图 3.7 不同碳限额水平下航空公司分配到的碳排放额度

在经济效益方面,由图 3.8 我们可以发现,随着碳限额水平 ρ 的增大,两家航空公司的利润均在增加。ρ 从 93% 增加到 97% 时,航空公司1的年利润从 1 156 233 万元增加到 1 156 842 万元,增加了 0.53%;航空公司2的年利润从 360 629 万元增加到 360 676 万元,增加了 0.13%。总体来说,虽然随着碳限额水平的增大,航空公司的利润也在增加,但是利润增加的效果不是特别明显。

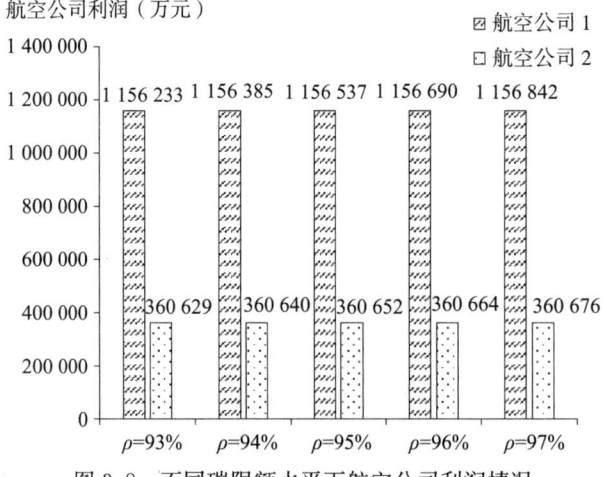

图 3.8 不同碳限额水平下航空公司利润情况

3.4.3 讨论

基于前面的分析，本章提出的优化方法可以有效地解决航空公司利润与航空运输碳减排之间的矛盾，对此我们提出了一些政策建议。首先，对于涉及政府和航空公司的航空运输系统，应该适用航空运输碳配额与碳交易机制。如果没有这样的机制，航空公司就会追求尽可能高的利润，随意排放二氧化碳，这对于全球的气候变化来说具有重大的负面影响。利用该模型，能够指导航空公司开展低碳运营活动，约束航空公司的碳排放。其次，在碳配额与碳交易机制下，航空公司可以寻求改进节能技术和使用清洁能源技术以降低运营成本、提高公司的市场竞争力。对于航空公司来说，提高生物燃料的使用比例将极大地减少碳排放。例如，根据图 3.3 和图 3.4 的分析可知，随着生物燃料的配比 δ 从 0.5 上升到 1.0，减排效果高达 88.9%。虽然随着生物燃料配比的增加，航空公司的减排效果明显，但是其总利润也在不断下降，影响航空公司的可持续发展。因此，根据政府的碳排放分配决策，航空公司可以选择适当的改进策略来实现利润最大化。在大多数情况下，他们应该选择生物燃料与传统燃料混合的策略。最后，政府可以利用所提出的模型来制定合适的碳排放分配策略，例如，表 3.4 中航空运输碳排放配额分配问题的分配政策是为政府提供的可行性分配政策之一。此外，对于政府来说，在适当的范围内应该增加碳限额水平，这样做不仅可以满足减少碳排放量的目标，也可以让航空公司增加利润，激发航空公司的积极性，促进其持续发展。例如，在图 3.7 和图 3.8 中，随着碳限额水平的增大，航空公司的利润增加，但其碳排放量并无显著变化。

3.5 结论与启示

由于社会和经济的快速发展，航空运输在碳排放总量中所占的份额越来越大，因此应制定更有效、更全面的政策来减少碳排放。本章将均衡策略与碳交易机制结合，设计一个多目标双层模型，以帮助政府做出碳排放额度分配决策和航空公司生物燃料使用量决策。政府与航空公司做出的决策对航空运输的可持续发展产生了重要的影响。在双层模型中，政府是碳排放额度的分配者，起着主导作用，航空公司是追随者。与传统的模型相比，该模型能够反映政府与航空公司之间的相互作用关系，统筹解决双方的目标冲突，从而有利于它们做出合理的决策。首先从各航空公司是否使用生物燃料的角度来研究问题。然后，运用 KKT 方法和多目标处理方法对所提出的模型进行简化求解。

本章以某行政区域所辖航空公司为算例来检验该方法的实用性和有效性。

结果表明,碳交易机制对于航空运输中的碳减排具有显著的作用,是低碳航空运输管理中非常重要的一部分。因此,政府向市场分配适当的碳排放份额将有利于碳减排。而随着生物燃料的使用比例提升,碳减排的效果逐渐增强,并且航空公司因为减排而造成的边际收益损失也在下降,航空公司使用适当比例的生物燃料有助于促进碳减排的实现。最后,政府在一定范围内适当提高碳限额水平不仅可以减少航空公司的碳排放,也可以增加航空公司的利润,有助于航空公司的可持续发展。

第4章 考虑碳交易与碳补贴政策的航空运输多主体均衡决策研究

4.1 问题陈述

气候变化及其引发的社会、环境、经济和伦理后果被广泛认为是人类社会面临的一系列相互关联的主要问题。全球变暖是人类历史上对人类生存和政治稳定的最大威胁之一,近几十年来,它的影响和成本将在全球范围内迅速扩大且分布不均(Huisingh et al.,2015)。导致全球变暖的主要因素是全球碳排放量的增加。全球检测实验室的数据显示,全球平均二氧化碳浓度从 1980 年的 338.91×10^{-6} 增加到了 2021 年的 414.72×10^{-6},这是近 80 万年来的历史最高碳浓度水平,40 多年间二氧化碳浓度增加了约 22.39%(Global Monitoring Laboratory,2022)。因此,碳排放量的持续增加成了全球关注的重要问题(Yue et al.,2015)。许多国家和组织制定了长期的碳减排目标来应对此问题。例如,中国在第七十五届联合国大会一般性辩论上承诺将采取更加有力的政策和措施,二氧化碳排放力争于 2030 年前达到峰值,努力争取 2060 年前实现碳中和;德国承诺到 2030 年时实现温室气体排放总量较 1990 年至少减少 55%;美国承诺到 2030 年时碳排放量比 2005 年减少 50%~52%,到 2050 年实现净零排放目标;全球水泥与混凝土协会承诺到 2030 年,与混凝土相关的二氧化碳排放量比 2020 年减少 25%,到 2050 年实现混凝土净零排放;国际航空协会承诺到 2050 年,航空运输业碳排放量将比 2005 年减少 50%。

航空业是国民经济发展的重要基础产业之一,在运输和生产的过程中会消耗大量化石能源,产生大量碳排放。随着经济的快速发展,航空业对化石能源的需求量越来越大,其碳排放量保持着持续增长的态势。随着人口的增长和收入的增加,预计未来二十年航空需求将继续增长。波音公司预测,到 2034 年,客运和货运量每年将增长约 5%(Boeing,2015)。据国际民用航空组织(ICAO)统计,2019 年航空业的总碳排放量已经占到全球交通运输行业碳排放量的约 10%,占全球碳排放总量的约 2%。从 2013 年到 2019 年,全球民航运输业碳排放量已经超过国际民航组织预测数值的 70%。如果不加以控制,到 2050 年全世界将有 25% 的碳排放量来自航空业(ICAO,2019)。航空业碳减排的必要性和追切性非常突出。

大规模开采和利用能源特别是化石燃料，为世界文明的发展做出了重大贡献。目前，人们大量使用不可再生的能源，这些能源在短期内产生效益，但在长期内会导致不利因素，如气候风险。减缓气候变化的一个可能措施是为可再生能源系统的实施提供激励措施，可再生能源系统产生的排放量比传统化石燃料低得多。这使得将全球平均地表温度上升限制在 2 ℃以下所需的大量碳减排是可能的。主流的可再生能源主要包括生物质能、风能、水电、太阳能、海洋热能、波浪能、潮汐能和地热能等(Huisingh et al.,2015)。在可再生能源选择中，生物燃料被认为是主要的能源(Krammer et al.,2013)。为了应对日益增长的环境问题，航空业正在积极探索经济和环境解决方案，以减少燃料消耗和温室气体排放，实现空中交通的可持续增长。虽然可以通过开发和使用更高效的飞机、更短的路线，以及优化的飞行管理和规划来降低燃料消耗，但用生物航空燃料取代石油喷气燃料也是有益的，可以显著减少使用石油燃料造成的温室气体排放(Han et al.,2018)。航空生物燃料作为减少航空运输的环境足迹和能源安全问题的有希望的解决方案而受到了广泛的关注，它是传统航空燃料的可靠替代品，有助于降低航空业的碳足迹(Schäfer and Waitz,2014)。

为了遏制碳排放，促进低碳经济的发展，许多国家的政府尝试了一些创造性的解决方案，其中较为普遍的就有碳补贴政策。例如，美国政府为电动汽车公司提供了 24 亿美元的贷款，为 30 家生产电池和其他新能源汽车的工厂提供了 20 亿美元的贷款(Zhu et al.,2021)；英国政府对绿色方案、可再生供暖，以及生物质能发电、低碳技术创新等项目给予补助或奖励，尤其是对可再生能源如生物燃料进行补贴(Gong et al.,2013)；丹麦政府利用财政补贴推动可再生能源进入市场，包括对生物质能发电采取财政补贴激励等；中国政府发布《国家重点推广的低碳技术目录》，共列出享受财政、税收等优惠的 34 项低碳技术(浦徐进和田广，2018)；也有许多国家的政府对企业生产低碳产品、消费者购买低碳产品进行补贴(徐琪和范丹丹，2017)。政府出台的碳补贴政策可以弥补企业成本的增加，提高企业低碳创新的热情(Wang et al.,2019；Chang ang Han,2020)。在碳补贴政策之下，企业可以通过提高碳减排水平来获得更多的补贴，从而激励公司以绿色低碳来促进技术创新，进一步减少碳排放(Cao et al.,2017)。

4.2 国内外研究现状

政府补贴通常被用来鼓励新兴产业，如再制造产业，这些产业要么对环境有利，要么对国家战略具有重要意义(Zhu et al.,2021)。近些年来，由于气候变化形势严峻,低碳补贴越来越多地被各国政府用于促进绿色低碳经济发展和促进碳减排。碳补贴是政府为了鼓励企业碳减排,对企业减少碳排放所发放的补偿性津贴。碳补贴的来源有许多种,最常见的是政府的碳税收入或者其他经营性收入。两种补贴政策被广泛采用:一种是基于固定的绿色技术投资成本的补贴,另一种是基于减排量的补贴(Li et al.,2021)。

有许多研究指出,政府通过制定合理的碳补贴政策,能够推动低碳产业的快速发展。Lu等(2013)构建了一个可计算的一般均衡模型,发现碳减排成本的高昂使得企业更加关注绿色低碳技术的研发,而政府的低碳补贴则有利于降低企业的研发成本,激发企业的积极性。沈月琴等(2015)模拟了不同碳价格下碳汇补贴对林业产出、林产品消费的影响,认为为了促进林业的发展,政府应该鼓励碳汇造林和碳汇项目的开展,同时对碳汇项目发放一定的碳汇补贴。Shen和Luo(2015)根据中国2005—2013年能源行业的相关数据分析了碳补贴政策的效果,认为碳补贴政策虽然有一定的负面效果,如政府财政负担加重、个别企业骗取补贴的现象,但是从长远来看,随着碳补贴政策的逐渐完善和人们低碳意识的逐渐加强,碳补贴对于能源行业的发展有着一定的促进作用,并且能够通过鼓励创新使得碳排放量减少。Qiao等(2016)分析了碳补贴对低碳技术的影响,并根据山西省和河北省的调查数据测试了补贴对低碳技术采用的干预效果,发现碳补贴有利于绿色低碳技术的进步,进而推动气候的有利变化。Nicolini和Tavoni(2017)研究了2000—2010年期间欧盟个别成员国对可再生能源的政策支持是否有效地促进了可再生能源的发展,发现补贴与激励能源生产以及装机容量之间存在正相关关系,并且认为无论在短期还是长期,这些低碳补贴政策在促进可再生能源方面是有效的。Wang等(2017)分析了绿色保险补贴对清洁生产创新的影响,发现绿色保险补贴和政府补贴都能促进企业创新,但绿色保险补贴对创新的风险低于直接补贴。陈帅和张会亚(2019)基于钢铁行业十几家上市公司近几年的财务数据进行实证研究,发现碳补贴可以有效减少钢铁行业的碳排放,并且能够促进绿色技术进步,减少行业因碳减排而造成的损失。Hu等(2020)通过小世界网络分析,发现政府的低碳补贴可以推动新能源汽车的普及率达到60%左右,并且通过补贴推动新能源汽车行业的技术进步,能有效地减少碳排放,达到保护环境的目的。

大量研究表明,规制政策与支持政策会产生"耦合效应",搭配使用将产生额外的激励作用(王林辉等,2020)。近些年来,随着环境问题的不断恶化,碳减排问题迫在眉睫,碳补贴政策与碳交易政策结合使用的混合政策越来越受到学者的广泛关注。张海咪等(2018)建立了一个斯坦克尔伯格模型来研究碳交易与碳补贴政策对一个两级供应链的影响。结果表明，同时实行碳交易与碳补贴政策可以弥补两者的不足，并且更加有利于减少碳排放。缪文清和沈炳良(2020)也研究了碳交易机制、碳补贴机制以及碳交易与碳补贴混合机制下普通产品与低碳产品竞争的差别定价策略，发现相比于单一的碳交易机制和碳补贴机制，两种机制结合的混合机制在节能减排效果中表现得更好。Zhang 等(2020)通过分析中国的太阳能光伏发电投资，认为碳交易机制有助于推进可再生能源投资、促进投资决策的进步并且降低所需的碳补贴水平。Lin 和 Jia(2020)研究了碳交易机制对可再生能源的影响，表明对可再生能源没有补贴的碳交易体系将减少对能源的需求，增加可再生能源的成本并减少发电量，并且向可再生能源企业提供更多补贴可以提高碳交易机制对可再生能源发展的有效性。Tietjen(2020)通过数值建模研究了碳交易机制与清洁能源补贴的相互作用，认为当碳交易机制成熟并且只有碳外部性时，清洁能源的补贴可以提高社会福利。Li 等(2021)分析了政府补贴与碳交易机制的作用，研究了最优消费补贴策略、最优补贴水平及其影响因素，认为当碳交易机制中的碳价较高时，补贴政策并不一定是需要的，因为碳价较高的碳交易机制可以满足促进绿色低碳技术改进和最大化社会福利的要求，但是当碳交易机制下的碳价低于一定水平时，政府需要消费补贴政策来实现可持续发展目标。郑路等(2022)研究了政府对服装消费者补贴及制造商碳减排投资对供应链碳排放总量的影响，表明消费补贴和碳减排政策同时实施的时候，消费补贴可提升制造商的最优减排率，降低供应链的碳排放总量。

国际能源署(International Energy Agerncy, IEA)发布的《全球能源回顾：2021碳排放》报告显示，2021年，能源燃烧和工业过程产生的CO_2排放占能源部门温室气体总排放的近89%(IEA,2022)。由于化石燃料的燃烧所导致的碳排放量巨大，对环境的威胁加剧，近年来，很多国家和学者关注替代性生物燃料在碳减排上的应用。Righelato 和 Spracklen(2007)通过案例研究发现，生物燃料和生物能源系统是大多数气候稳定方案的组成部分，可以用于取代运输部门使用化石燃料和通过碳捕集与封存(Carbon Capture and Storage,CCS)产生负排放。Hammond 等(2008)研究了各种类型的生物燃料，并将这些生物燃料的性能与传统燃料进行比较，评估其潜在的碳节约。结果表明，如果生物燃料得到广泛采用，可以大大减少道路运输部门的碳排放，并可能有助于提高能源安全。Lippke 等(2012)使用生命周期分析来评估木材等替代材料在产品和燃料上的用途，认为对生物燃料的浓厚兴趣有助于实现减少碳排放，以及减少对外国化石燃料的依赖的国家目标。Hileman 等(2013)评估了一系列缓解方案对实现航空业 2050 年将温室气体绝对排放量相对于 2005 年水平减少 50% 的目标的潜在贡献。结果表明，为了实现这一行业目标，有必要相对快速地采用新的、更高效的飞机设计，以及大规模引入替代燃料，与传统航空燃料相比，替代燃料的生命周期温室气体排放量更低，减排效果更好。Krammer 等（2013）使用航空业的系统模型来模拟在不同社会经济和政策假设下航空生物燃料的采用后发现，到 2041 年，全球 50% 的喷气燃料燃烧可以通过生物燃料得到满足，而可归因于航空的全球温室气体排放量将比基准线（即不使用生物燃料的情况）低 48%～53%。Wise 等（2014）利用一个综合评估模型提出了扩大全球生物燃料生产的三种潜在未来情景，在扩大的生物燃料情景中，常规石油使用量减少了 4%～8%，到 21 世纪中叶，全球运输部门的二氧化碳排放量将减少 1～2 英吨/年。Stafford 等（2017）评估了生物燃料技术的准备情况，认为先进的生物燃料有望以更低的成本提高效率和减少碳排放，但需要进一步的研发才能实现商业化，如果开发得当，生物燃料可以减少碳排放，提高能源安全，同时实现可持续农业和改善自然资源管理。O'Connell 等（2019）分析了温室气体排放和各种替代航空燃料的能源效率认为，从总体上来说，航空生物燃料在碳减排方面的表现比传统的航空燃料更好，但是生物燃料的成本更高。

当涉及多个利益相关者时，他们之间就会产生一定的利益冲突。例如，政府与航空公司之间就存在着目标冲突。对于航空公司来说，必须将环境保护和可持续发展融入到其成长过程中，但是航空公司追求利润最大化的目标和减少二氧化碳排放量并不能同时实现(Fan et al., 2017)。而对于政府来说，一方面政府要尽力完成碳减排目标，另一方面也要考虑航空公司的利润及其可持续发展。均衡策略在解决这类冲突中的作用已经被广泛采纳。碳交易机制和碳补贴机制下的航空运输决策系统涉及一个多目标双层决策体系，在体系中，政府是领导者，航空公司是追随者，航空公司的决策受到政府决策的影响。许多学者对双层模型及其应用进行了研究。Li 和 Wan（2019）提出了一个双层模型来估计机场的原始航空旅行需求及其地理分布，并用了一个案例研究以证明双层模型的有效性。Wang 等（2021）通过优化运输价格来调整货运结构，提出了一种考虑市场竞争和中国货运系统碳排放的多目标双层定价模型来研究绿色货运定价策略，并证明了该双层模型的有效性。Qiu 等（2022）通过一个具体算例研究了碳税政策诱导的航空旅行碳减排与生物燃料利用，通过双层模型和交互式解决方案考虑一个权威机构与多家航空公司之间的交互关系。结果表明，该政策对中国航空旅行碳减排和生物燃料使用改善具有重要意义。

这些研究启发了笔者建立一种基于均衡策略的方法来解决航空运输减排与航空运输利润之间的冲突，以确保航空运输的可持续发展。碳交易和碳补贴混合机制下的航空运输多主体均衡决策系统涉及一个多目标双层决策体系。因此,本章研究了在碳交易和碳补贴混合机制下的航空运输碳减排问题,提出在碳交易和碳补贴框架下,建立一个双层模型来解决控制碳排放与航空公司利润之间的目标冲突。由于生物燃料对碳减排的有效性和对航空公司可持续发展的重要性,且目前已经被广泛应用于航空飞行之中,因此,本章也从各航空公司是否采用航空生物燃料的角度来研究问题。

4.3 参数说明与模型构建

4.3.1 参数说明

本章用于描述碳交易与碳补贴的航空运输多主体均衡决策问题的数学符号及其说明见表4.1。

表4.1 数学符号说明

变量	符号	说　明
指标	i	第i个航空公司,其中$i\in\Omega=\{1,2,...,I\}$
	I	航空公司的数量
参数	M_T(kg)	碳排放限额
	M_F(kg)	免费的总碳排放额度
	M_P(kg)	非免费的总碳排放额度
	HM(kg)	按历史碳排放量分配的免费碳配额
	QM(kg)	剩余的免费碳配额
	M_{hi}(kg)	按历史碳排放量分配给航空公司i的免费碳配额
	R_i	航空公司i的历史年利润
	H_i(kg)	航空公司i的历史年碳排放量
	C	实施碳配额分配政策的成本
	EF_t(kg-CO_2/kg)	传统航空燃料的碳排放系数
	EF_b(kg-CO_2/kg)	生物燃料的碳排放系数
	P_b	生物燃料的价格
	P_t	传统航空燃料的价格
	P_c	碳交易市场的碳交易价格
	P_r	碳补贴价格
	m_{ti}(kg)	航空公司每年的传统航空燃料量
	λ_i	航空公司i的历史碳排放量占该行业的百分比
	η	边际政策成本限制
	σ	生物燃料占比上限
	ρ	碳限额水平

续表

变量	符号	说　明
参数	∂	碳补贴总额与碳交易收益的最大比例限制
	α	免费碳配额水平
	β	按历史碳排放量分配的免费碳排放额度水平
函数	AE_i	航空公司 i 的实际年碳排放量
	TE	所有航空公司总碳排放量
	W_i	航空公司 i 的营业利润
	BSC_i	航空公司 i 的碳交易量
	MTC	实施政策的总边际社会成本
决策变量	$M_{qi}(\mathrm{kg})$	航空公司 i 剩余的免费碳排放额度
	$m_{bi}(\mathrm{kg})$	航空公司 i 购买的生物燃料数量

4.3.2 模型构建

对于政府和航空公司来说，碳交易与碳补贴机制下如何进行决策才能令双方都满意是一件具有挑战性的事情。碳交易机制和碳补贴机制都是在世界各国中广泛采用的碳减排机制(Zhang and Zhang,2022)。在碳交易机制中，政府对航空公司的碳排放量进行限制，规范公司之间的排放额度交易。此外，碳排放上限制度严格规定了航空公司不得超过的排放上限(Hasan et al.,2021)。对于碳补贴机制，它是政府推出的一种激励的机制，其目的在于促进绿色技术的发展和碳减排(Yi and Li,2018)。在本章中，政府的目标是保障碳排放目标并且尽量保持免费的总碳排放额度分配的公平性；航空公司的目标是根据政府分配的碳排放额度来完成飞行任务并且实现公司自身利润最大化。航空公司的决策受到政府碳配额分配的影响。由于生物燃料是航空业应对气候变化、实现碳减排的根本途径和最重要措施(何皓等,2019)，因此，本章假定航空公司需要购买生物燃料来减少碳排放，政府则需要进行合理地分配免费的总碳排放额度来保障公平性。总之，在考虑碳交易与碳补贴的航空运输碳减排问题时，本章从政府和航空公司两个方面建立双层决策模型来统筹解决双方的目标冲突，得到一个令双方都能满意的结果。

在建立双层模型前，需要提出以下假设：

(1) 这是一个单周期的免费的总碳排放额度分配，即在某段时期的开始阶段，政府分配给各航空公司的免费碳配额以及投放在碳交易市场中的碳排放额度是确定的。下一个周期，政府可能会根据企业的实际运营情况作出调整，这个假设符合实际情况，是合理的。

(2) 为了方便计算，在这个单周期中，假设碳交易市场中碳交易价格是某个确定的值。

(3)航空公司的实际碳排放量与政府分配的免费碳配额之间的差异,可通过在碳交易市场上卖出或者买入碳排放额度来填补。这个假设是为了确保碳交易市场存在的合理性。

(4)在不改变执飞计划的前提下,每个航空公司的决策变量为使用多少生物燃料,即航空公司在本期内的实际碳排放量为上期历史碳排放额减去因采用生物燃料而减少的碳排放量。此假设简化了实际情况,在航空公司满足客户需求的前提下,把问题聚焦在生物燃料的使用情况上。

(5)政府和航空公司都是理性的决策者,可以充分理解各自的目标和所受到的约束。该假设说明各方决策者了解所有信息,可以有效进行权衡。

针对碳交易机制和碳补贴机制下的航空运输碳减排问题,该模型提出了政府的碳排放额度分配决策以及航空公司生物燃料使用量决策。政府和航空公司分别有各自的目标函数与资源约束条件,这构成了碳交易机制与碳补贴机制下的多目标双层模型。

航空公司的决策计划:航空公司在政府分配碳排放额度的限制下能做的决策行为是购买多少生物燃料来实现最大的经济效益。

经济效益:第 i 家公司的利润为历史利润(R_i)减去燃料成本$[m_{bi}P_b+P_t(m_{ti}-m_{bi})]$,再减去公司用于碳交易市场上的交易成本($P_c BSC_i$),最后加上政府发放给航空公司的碳补贴$[P_r m_{bi}(EF_t-EF_b)]$。所以航空公司 i 的利润最大化可表示为:

$$\max W_i = R_i - m_{bi}P_b - P_c BSC_i - P_t(m_{ti}-m_{bi}) + P_r m_{bi}(EF_t-EF_b) \tag{4.1}$$

生物燃料配比限制:目前,由于技术限制,生物燃料与传统燃料之间的混合存在一定的比例限制,表示如下:

$$0 \leqslant m_{bi} \leqslant \delta m_{ti}, \forall i \in \Omega \tag{4.2}$$

碳交易限制:航空公司可根据实际碳排放量来确定在碳交易市场购买或出售的碳排放额度量,下列等式给出了航空公司可以在市场交易的碳排放额度:

$$BSC_i = BSC_i^+ - BSC_i^-, \forall i \in \Omega \tag{4.3}$$

$$BSC_i = AE_i - M_{hi} - M_{qi}, \forall i \in \Omega \tag{4.4}$$

$$BSC_i^+ \geqslant 0, BSC_i^- \geqslant 0, \forall i \in \Omega \tag{4.5}$$

航空公司的净买入碳排放额度不能超过政府分配的非免费的总碳排放额度:

$$\sum_{i \in \Omega}(BSC_i^+ - BSC_i^-) \leqslant M_P \tag{4.6}$$

对于航空公司 i 来说,只能在碳交易市场中选择卖出或买入碳排放额度,不能同时进行,即式(4.7):

$$BSC_i^+ \cdot BSC_i^- = 0, \forall i \in \Omega \qquad (4.7)$$

政府的碳排放配额分配:作为碳配额分配的政策制定者,政府首先制定战略,以实现环境基尼系数和航空业的总年度实际碳排放量最小化的目标。

环境基尼系数:参考第 3 章关于环境基尼系数的描述。环境基尼系数最小化是政府的目标之一,它体现了政府分配碳排放额度时的公平性原则。因为政府征收碳税使得航空公司的年实际利润 W_i 发生改变,所以环境基尼系数也跟着发生变化。其表示如下:

$$\min EGC = \sum_{i \in \Omega} \sum_{j \in \Omega} \frac{1}{2(I-1)\sum_{i \in \Omega} \frac{AE_i}{W_i}} \left| \frac{AE_i}{W_i} - \frac{AE_j}{W_j} \right| \qquad (4.8)$$

式中,$\frac{AE_i}{W_i}$ 是航空公司 i 每单位营业利润的实际碳排放量,也可以表示为:

$$\frac{AE_i}{W_i} = \frac{H_i - m_{bi}(EF_t - EF_b)}{R_i - m_{bi}P_b - P_c[H_i - m_{bi}(EF_t - EF_b) - HM_i - QM_i] - P_t(m_{ti} - m_{bi}) + P_r m_{bi}(EF_t - EF_b)}$$

航空公司的实际碳排放量:参考第 3 章关于航空公司实际碳排放量的描述。政府为了减少航空运输业的碳排放,需要将总碳排放量最小化作为目标之一,表示如下:

$$\min TE = \min \sum_{i \in \Omega} AE_i = \sum_{i \in \Omega} [H_i - m_{bi}(EF_t - EF_b)] \qquad (4.9)$$

政府的分配约束:参考第 3 章政府对碳排放额度分配约束的描述。其表示如下:

$$M_T = \rho \sum_{i \in \Omega} H_i \qquad (4.10)$$

$$M_T = M_F + M_P \qquad (4.11)$$

$$M_F \geqslant \alpha M_T \qquad (4.12)$$

$$M_F = HM + QM \qquad (4.13)$$

$$HM \geqslant \beta M_F \qquad (4.14)$$

$$M_{hi} = \lambda_i HM, i \in \Omega \qquad (4.15)$$

$$QM = \sum_{i \in \Omega} M_{qi} \qquad (4.16)$$

碳补贴限制:对于政府来说,发放的碳补贴总额与碳交易市场上的碳交易收益之间存在一定的比例限制。其表示如下:

$$\sum_{i \in \Omega} P_r m_{bi}(EF_t - EF_b) \leqslant \partial P_c \sum_{i \in \Omega} |BSC_i| \qquad (4.17)$$

边际碳排放成本限制:政府征收碳税也导致边际碳排放成本 MTC 的变化。

其表示如下：
$$MTC \leqslant \eta \tag{4.18}$$
式中，边际碳排放成本 MTC 可以表示为：

$$MTC = \frac{C + \sum_{i \in \Omega}\{m_{bi}(P_b - P_t) + P_c[H_i - m_{bi}(EF_t - EF_b) - HM_i - QM_i)] - P_r m_{bi}(EF_t - EF_b)\}}{\sum_{i \in \Omega}[m_{bi}(EF_t - EF_b)]}$$

整体模型：为了满足旅客的正常需求、保证航空公司的利润以及控制碳排放量，本章提出建立双层模型来解决各主体间的目标冲突。首先，在第一层模型中，政府要尽量保证碳排放额度分配政策的公平性，实现环境基尼系数最小化[即式(4.8)]。然后，基于环境保护的目标，政府需要降低总的实际碳排放额度[即式(4.9)]。同时，政府的碳排放额度分配受到一些约束[即式(4.10)～(4.18)]。其次，在第二层模型中，航空公司的目标为年利润最大化[即式(4.1)]。此外，航空公司的决策变量为购买多少生物燃料来代替传统燃料，燃料的混合配比也受到限制[即式(4.2)]。最后，航空公司的碳交易也受到一定的限制[即式(4.3)～(4.7)]。基于以上的分析，我们可以利用双层模型来解决政府与航空公司的之间的目标冲突，因此，我们可以用式(4.19)来描述整个问题。

$$\min EGC = \sum_{i \in \Omega} \sum_{j \in \Omega} \frac{1}{2(I-1)\sum_{i \in \Omega}\frac{AE_i}{W_i}} \left| \frac{AE_i}{W_i} - \frac{AE_j}{W_j} \right|$$

$$\min TE = \min \sum_{i \in \Omega} AE_i = \sum_{i \in \Omega}[H_i - m_{bi}(EF_t - EF_b)]$$

$$\text{s.t.}\begin{cases} M_T = \rho \sum_{i\in\Omega} H_i \\ M_T = M_F + M_P \\ M_F \geqslant \alpha M_T \\ M_F = HM + QM \\ HM \geqslant \beta M_F \\ M_{hi} = \lambda_i HM, i \in \Omega \\ QM = \sum_{i\in\Omega} M_{qi} \\ \sum_{i\in\Omega} P_r m_{bi}(EF_t - EF_b) \leqslant \partial P_c \sum_{i\in\Omega} |BSC_i| \\ MTC \leqslant \eta \\ \max W_i = R_i - m_{bi}P_b - P_c BSC_i - P_t(m_{ti} - m_{bi}) + \\ \qquad P_r m_{bi}(EF_t - EF_b) \\ \text{s.t.}\begin{cases} 0 \leqslant m_{bi} \leqslant \delta m_{ti}, \forall i \in \Omega \\ BSC_i = BSC_i^+ - BSC_i^-, \forall i \in \Omega \\ BSC_i = AE_i - M_{hi} - M_{qi}, \forall i \in \Omega \\ BSC_i^+ \geqslant 0, BSC_i^- \geqslant 0, \forall i \in \Omega \\ \sum_{i\in\Omega}(BSC_i^+ - BSC_i^-) \leqslant M_P \\ BSC_i^+ \cdot BSC_i^- = 0, \forall i \in \Omega \end{cases} \end{cases}$$
(4.19)

模型转换：我们运用 KKT 方法将双层规划转化为简单的单层规划，关于 KKT 方法的描述参考第 3 章的内容。

首先，下层模型的拉格朗日方程构造如下：

$$\begin{aligned} L = & R_i - m_{bi}P_b - P_c[H_i - m_{bi}(EF_t - EF_b) - HM_i - QM_i] - \\ & P_t(m_{ti} - m_{bi}) + P_r m_{bi}(EF_t - EF_b) + u_i(m_{bi} - \delta m_{ti}) + \\ & v\sum_{i\in K}\{[H_i - m_{bi}(EF_t - EF_b) - HM_i - QM_i] - M_P\} + \omega_i(-m_{bi}) - \\ & P_b + P_c(EF_t - EF_b) + P_t + P_r(EF_t - EF_b) + u_i - v(EF_t - EF_b) - \omega_i \\ = & 0 \end{aligned}$$
(4.20)

其次，根据构造的拉格朗日方程和下层模型 KKT 条件的互补松弛条件，可以将下层模型转换为上层模型的附加约束，表示如下：

$$u_i(m_{bi} - \delta m_{ti}) = 0 \tag{4.21}$$

$$v\sum_{i\in\Omega}\{[H_i - m_{bi}(EF_t - EF_b) - HM_i - QM_i] - M_P\} = 0 \tag{4.22}$$

$$\omega_i(-m_{bi}) = 0 \tag{4.23}$$

$$u_i, \omega_i, v \geqslant 0 \tag{4.24}$$

最后，转化后的模型如下：

$$\min EGC = \sum_{i\in\Omega}\sum_{j\in\Omega}\frac{1}{2(I-1)\sum_{i\in K}R_i - m_{bi}P_b - P_c[H_i - m_{bi}(EF_t - EF_b) - HM_i - QM_i] - P_t(m_{ti} - m_{bi}) + P_r m_{bi}(EF_t - EF_b)]} \cdot \left|\frac{AE_i}{W_i} - \frac{AE_j}{W_j}\right|$$

$$\min TE = \sum_{i\in\Omega} AE_i = \sum_{i\in\Omega}[H_i - m_{bi}(EF_t - EF_b)]$$

$$\text{s.t.} \begin{cases} M_T = \rho \sum_{i\in\Omega} H_i \\ M_T = M_F + M_P \\ M_F \geqslant \alpha M_T \\ M_F = HM + QM \\ HM \geqslant \beta M_F \\ HM_i = \lambda_i HM, i \in \Omega \\ QM = \sum_{i\in\Omega} M_{qi} \\ \sum_{i\in\Omega} P_r m_{bi}(EF_t - EF_b) \leqslant \partial P_c \sum_{i\in\Omega}|BSC_i| \\ \dfrac{C + \sum_{i\in\Omega}\{m_{bi}(P_b - P_t) + P_c[H_i - m_{bi}(EF_t - EF_b) - HM_i - QM_i] - P_r m_{bi}(EF_t - EF_b)\}}{\sum_{i\in\Omega}[m_{bi}(EF_t - EF_b)]} \leqslant \eta \\ -P_b + P_c(EF_t - EF_b) + P_t + P_r(EF_t - EF_b) + u_i - v(EF_t - EF_b) - \omega_i = 0 \\ m_{bi} \leqslant \delta m_{ti} \\ \sum_{i\in\Omega}(H_i - m_{bi}(EF_t - EF_b) - HM_i - QM_i) \leqslant M_P \\ m_{bi} \geqslant 0 \\ u_i(m_{bi} - \delta m_{ti}) = 0 \\ v\sum_{i\in\Omega}\{[H_i - m_{bi}(EF_t - EF_b) - HM_i - QM_i] - M_P\} = 0 \\ \omega_i(-m_{bi}) = 0 \\ u_i, \omega_i, v \geqslant 0 \end{cases}$$

(4.25)

多目标处理：为了简化整体模型[即式(4.25)]的计算，这里引入一种加权求和方法来处理政府的多个目标[即式(4.8)和式(4.9)]。关于多目标处理的具体做法参考第3章的内容。

4.4 算例分析

4.4.1 相关数据

本节通过一个基于对实际相关数据进行采集、云存储、脱敏处理、质量控制等操作的算例来展示所提出的优化方法在分配碳排放份额和选择合适的生物燃料使用量中的效果。模型相关的数据见表4.2和表4.3。

表4.2 航空公司相关参数值

参 数	航空公司1	航空公司2
历史年利润 R_i(元)	23 382 000 000.00	5 601 000 000.00
历史年碳排放量 H_i(吨)	4 679 000.00	784 579.00
年使用航空燃料量 m_{ti}(吨)	1 485 396.83	249 072.70
历史碳排放量的百分比 λ_i	86%	14%

表4.3 模型中使用的其他参数值

参 数	数 值
传统航空燃料的碳排放系数 EF_t(吨)	3.15
生物燃料的碳排放系数 EF_b(吨)	0.35
传统航空燃料价格 P_t(元/吨)	5 566
生物燃料价格 P_b(元/吨)	10 000
碳交易价格 P_c(元/吨)	30.82
边际政策成本限制 η(元/吨)	2 919
生物燃料占比上限 δ	0.5
碳补贴比例 ∂	1.2
免费碳配额水平 α	0.5
按历史碳排放量分配的免费碳排放额度水平 β	0.5
实施政策的成本 C(元)	5 000 000
碳排放限额 M_T(吨)	5 190 400

4.4.2 结论和分析

本章将均衡策略与碳交易机制和碳补贴机制结合,设计一个多目标双层模型,以帮助政府对碳排放额度做出分配决策和航空公司对生物燃料使用量做出购买决策。当碳排放限额 $M_T = 5\ 190\ 400$ 吨(碳限额水平 $\rho = 95\%$)时,经计算,政府的分配政策和航空公司的应对策略见表4.4和表4.5。

表 4.4 政府的分配政策

参　　数	航空公司 1	航空公司 2
免费的总碳排放额度(吨)	2 800 524	
非免费的总碳排放额度(吨)	2 389 876	
按历史碳排放量分配的免费碳配额(吨)	1 199 182	201 080
分配的其余碳排放额度(吨)	1 400 262	0
分配到的总碳排放额度(吨)	2 599 444	201 080
碳补贴价格(元)	3.58	

表 4.5 航空公司的应对策略

参　　数	航空公司 1	航空公司 2
购买的生物燃料量(吨)	742 698.4	124 536.4
碳交易量(吨)	0	234 797
实际年碳排放量(吨)	2 599 444	435 877
历史年碳排放量(吨)	4 679 000	784 579
碳减排量(吨)	2 079 556	348 702
碳减排总量(吨)	2 428 258	
实际利润(万元)	1 596 234	434 968
历史利润(万元)	2 338 200	560 100
利润减少额(万元)	741 966	125 132
利润减少总额(万元)	867 098	

由表 4.4 与表 4.5 可知,当碳排放限额 M_T = 5 190 400 吨时,对政府来说,分配政策应该为,向航空公司免费分配碳排放额度 2 800 524 吨,同时把剩余的 2 389 876 吨投放到碳交易市场上供航空公司买卖。其中航空公司 1 按历史碳排放量分配到的碳排放额度 1 199 182 吨,分配到的其余碳排放额度为 1 400 262 吨;航空公司 2 按历史碳排放量分配到的碳排放额度为 201 080 吨,分配到的其余碳排放额度为 0 吨,航空公司 2 所分配到的碳排放额度小于其年实际碳排放量,所以航空公司 2 还需要到碳交易市场上购买 234 797 吨碳排放额度。同时,政府应设定碳补贴价格为 3.58 元/吨。对航空公司来说,航空公司 1 购买生物燃料 742 698.4 吨,航空公司 2 购买生物燃料 124 536.4 吨。相应地,两家航空公司的实际碳排放量都有了明显的下降。航空公司 1 的碳排放量下降了约 44.4%,下降至 2 599 444 吨;航空公司 2 的碳排放量也下降了约 44.4%,下降至 435 877 吨;总碳排放量减少了约 44.4%,两家航空公司碳排放减少总量为 2 428 258 吨。在经济效益方面,航空公司 1 实际利润下降至 1 596 234 万元,减少了约 31.7%;航空公司 2 实际利润下降至 434 968 万元,减少了约 22.3%,利润总额下降了约 29.9%。从图 4.1 和图 4.2 可以看出,航空公司 1 和航空公司 2 的减排效果显著,总碳排放量减少了将近一半。但与此同时,航空公司的利润也受到了很大的

损失。

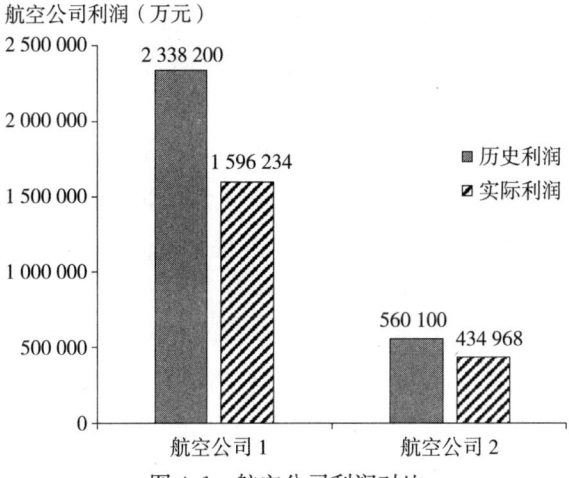

图 4.1　航空公司利润对比

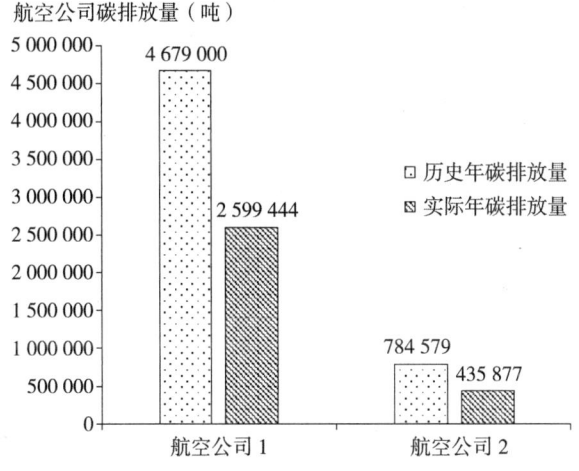

图 4.2　航空公司碳排放量对比

上述分析都是在碳交易价格 $P_c=30.82$ 元的条件下得出的,碳交易价格不是一成不变的,它随着碳交易市场的波动而发生变化。下面我们讨论当碳交易价格 $P_c=30、50、70、90、110$ 元时,政府的分配政策和模型给出的不同方案的减排效果及利润情况。

将碳排放限额 M_T 控制在 5 190 400 吨,模型给出的结果为:当碳交易价格 $P_c=30、50、70、90、110$ 元时,政府的分配政策并没有发生改变,分配政策为政府发放的免费碳排放额度为 2 800 524 吨,投放到碳交易市场的碳排放额度为 2 389 876吨。其中,航空公司 1 按历史碳排放量分配到的碳排放额度 1 199 182 吨,分配到的其余碳排放额度为 1 400 262 吨。航空公司 2 按历史碳排放量分配到的碳排放额度为 201 080 吨,分配到的其余碳排放额度为 0 吨;同时,航空公司 2 还需要到碳交易市场上购买 234 797 吨碳碳排放额度。随着碳交易价格的增加,两家航空公司分到的碳排放额度没有发生改变,说明碳交易价格 P_c 的增加并不会影响政府的分配政策。此外,航空公司 1 和航空公司 2 的总碳排放量不变,依然为航空公司 1 排放 2 599 444 吨,航空公司 2 排放 435 877 吨。同时,两家航空公司购买的生物燃料量也不变,依然为航空公司 1 购买 742 698.4 吨,航空公司 2 购买生物燃料 124 536.4 吨。这说明碳交易市场上碳交易价格的变化并不会影响航空公司的决策,减排效果不变。

由图 4.3 和图 4.4 可知,随着碳交易价格的增大,政府对航空公司的碳补贴价格逐渐增大。相比于 30 元的碳补贴价格,当 $P_c=110$ 元时,碳补贴的价格增加了 9.28 元,增加了近 3 倍。由于两家航空公司的碳排放量不变,因此政府发放给航空公司的补贴也在逐渐增加。此外,随着碳交易价格的上升,航空公司 1 的利润在不断地增加,而航空公司 2 的利润在不断地减少。具体来说,碳交易价格从 30 元上升到 110 元,航空公司 1 的总利润增加了 1 931 万元,约 1.2%;航空公司 2 的总利润下降了近 1 555 万元,约 3.6%。究其原因,随着碳交易价格的上升,使得碳补贴价格增加,从而航空公司 1 获得的碳补贴增加;而对航空公司 2 来说,需要从碳交易市场上购买部分碳额度,使得航空公司 2 的运营成本增加,虽然航空公司 2 所获得的碳补贴也在增加,但不足以抵消购买碳排放额度的成本,因此航空公司 2 的利润有所减少。

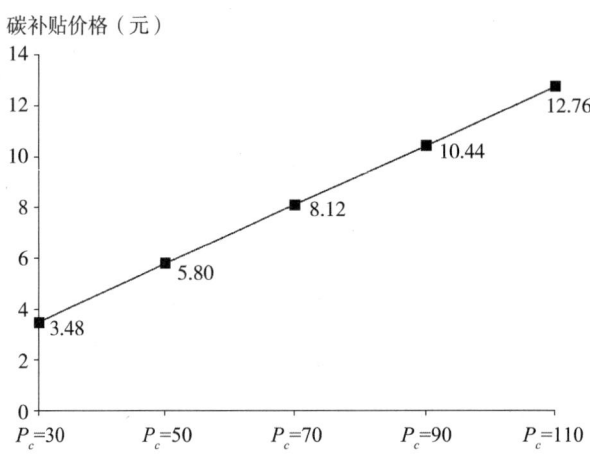

图 4.3 不同碳交易价格下政府的碳补贴价格变化情况

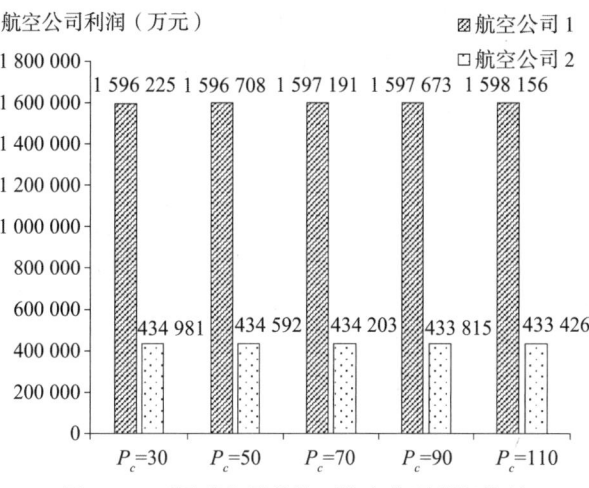

图 4.4　不同碳交易价格下航空公司利润情况

以上分析是在碳补贴比例限制 $\partial=1.2$ 的情况下得出的,下面我们讨论在碳交易价格 $P_c=30.82$ 元不变,碳补贴比例限制 $\partial=0.4、0.8、1.2、1.6、2.0$ 的情况下,政府的分配政策和模型给出的不同方案的减排效果及航空公司的利润情况。

将碳交易价格 P_c 控制在 30.82 元,模型给出的结果为:当碳交易价格碳补贴比例限制 $\partial=0.4、0.8、1.2、1.6、2.0$ 时,政府的分配政策也没有发生改变,具体来说,政府发放的免费碳排放额度为 2 800 524 吨,投放到碳交易市场的碳排放额度为 2 389 876 吨。其中,航空公司 1 按历史碳排放量分配到碳排放额度 1 199 182 吨,分配到的其余碳排放额度为 1 400 262 吨。航空公司 2 按历史碳排放量分配到的碳排放额度为 201 080 吨,分配到的其余碳排放额度为 0 吨;同时,航空公司 2 还需要到碳交易市场上购买 234 797 吨碳排放额度。随着碳补贴比例限制的增加,两家航空公司分配到的碳排放额度没有发生改变,说明碳补贴比例限制 ∂ 的增加并不会影响政府的分配政策。此外,航空公司 1 和航空公司 2 的总碳排放量不变,依然为航空公司 1 排放 2 599 444 吨,航空公司 2 排放 435 877 吨。同时,两家航空公司购买的生物燃料量也不变,依然为航空公司 1 购买 742 698.4 吨,航空公司 2 购买生物燃料 124 536.4 吨。这说明碳补贴比例限制的变化并不会影响航空公司的决策,减排效果不变。

同时,由图 4.5 和图 4.6 可知,随着碳补贴比例限制的增大,政府对航空公司的碳补贴价格逐渐增加。碳补贴比例限制 ∂ 从 0.4 增加到 2.0,碳补贴的价格增加了 4.77 元,增加了约 4 倍。由于两家航空公司的碳排放量不变,因此政府发放给航空公司的补贴也在逐渐增加。此外,随着碳补贴比例限制的增大,航空公司 1 和航空公司 2 的利润都在不断地增加。具体来说,碳补贴比例限制 ∂

从 0.4 增加到 2.0,航空公司 1 的总利润增加了 992 万元,增加了约 0.06%;航空公司 2 的总利润增加了 166 万元,增加了约 0.04%。

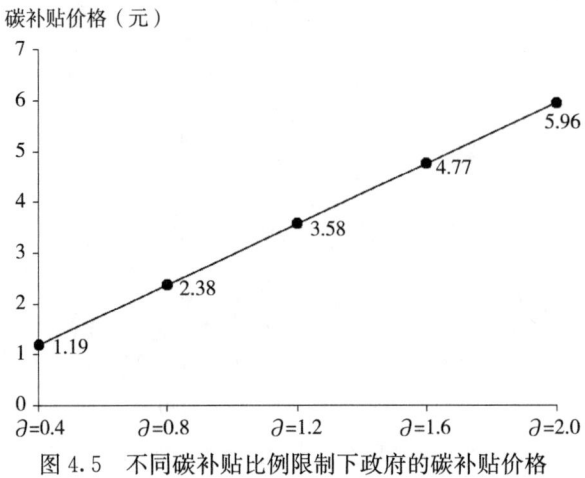

图 4.5　不同碳补贴比例限制下政府的碳补贴价格

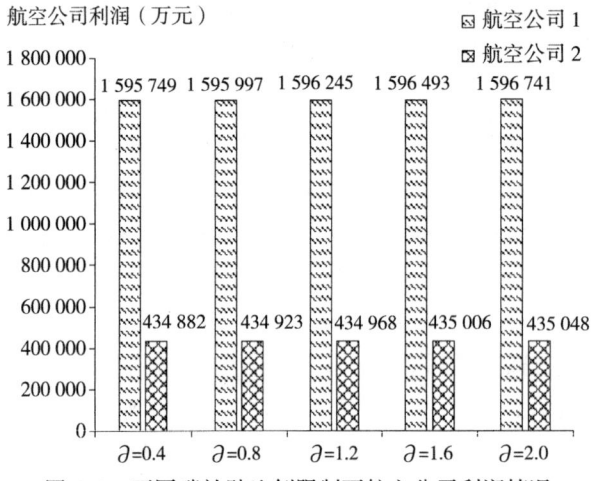

图 4.6　不同碳补贴比例限制下航空公司利润情况

此外,我们讨论其余条件不变,按历史碳排放量分配的免费碳配额水平 $\beta=$ 0.5、0.6、0.7、0.8、0.9 时,模型给出的政府的分配政策和航空公司的应对策略及利润情况等。

当按历史碳排放量分配的免费碳配额水平 $\beta=0.5、0.6、0.7、0.8、0.9$ 时,航空公司 1 和航空公司 2 的总碳排放量不发生改变,依然为航空公司 1 排放 2 599 444 吨,航空公司 2 排放 435 877 吨;此外,两家航空公司购买的生物燃料量也不变,依然为航空公司 1 购买 742 698.4 吨,航空公司 2 购买 124 536.3 吨。这说明按历史碳排放量分配的免费碳配额水平 β 增加,航空公司的减排效果不变,且不影响航空公司的决策。

对政府来说,按历史碳排放量分配的免费碳配额水平 β 从 0.5 增加到 0.9 时,其分配政策会发生改变,如图 4.7~图 4.9 所示。

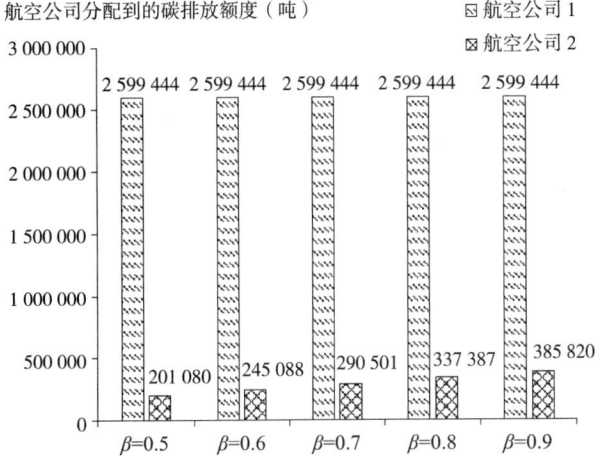

图 4.7　不同免费碳配额水平下航空公司分配到的碳排放额度

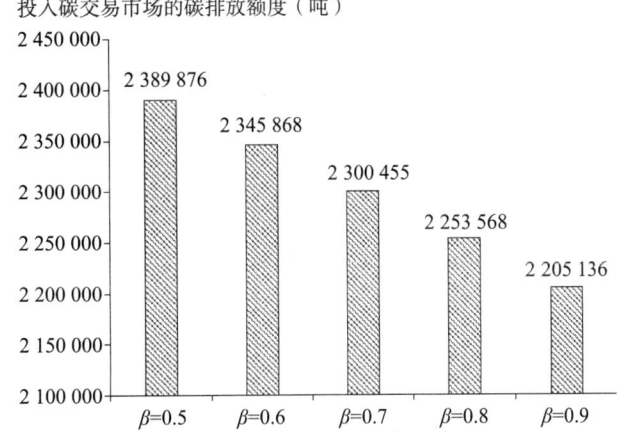

图 4.8　不同免费碳配额水平下政府投入碳交易市场的碳排放额度

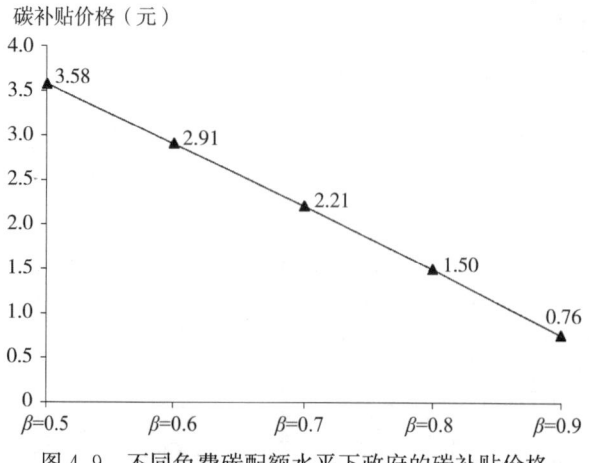

图 4.9 不同免费碳配额水平下政府的碳补贴价格

由图 4.7 可知，β 从 0.5 增加到 0.9 时，航空公司 1 从政府那里所分配到的总碳排放额度保持不变，依然为 2 599 444 吨；而航空公司 2 分配到的总碳排放额度不断增加，从 201 080 吨增加到 385 820 吨，增加了 184 740 吨，约 91.9%。此外，根据图 4.8 可知，随着 β 从 0.5 增加到 0.9，政府投入碳交易市场的碳排放额度逐渐减少，具体来说，从 2 389 876 吨减少至 2 205 136 吨，减少了 184 740 吨，减少了约 7.7%。另外，根据图 4.9 可知，碳补贴价格也在发生变化。碳补贴价格从 $\beta=0.5$ 时的 3.58 元降低到 $\beta=0.9$ 时的 0.76 元，降低了 2.82 元，降低的幅度约为 78.8%。

在经济效益方面，由图 4.10 可以发现，随着按历史碳排放量分配的免费碳配额水平 β 的增大，航空公司 1 的利润在逐渐减少，而航空公司 2 的利润却在增加。具体来说，β 从 0.5 增加到 0.9 时，航空公司 1 的年利润从 1 596 245 万元减少到 1 595 660 万元，降低了 0.04%；航空公司 2 的年利润从 434 965 万元增加到 435 436 万元，增加了约 0.11%。总体来说，虽然随着按历史碳排放量分配的免费碳配额水平 β 的增大，两家航空公司的利润都在变化，但利润变化的幅度很小。

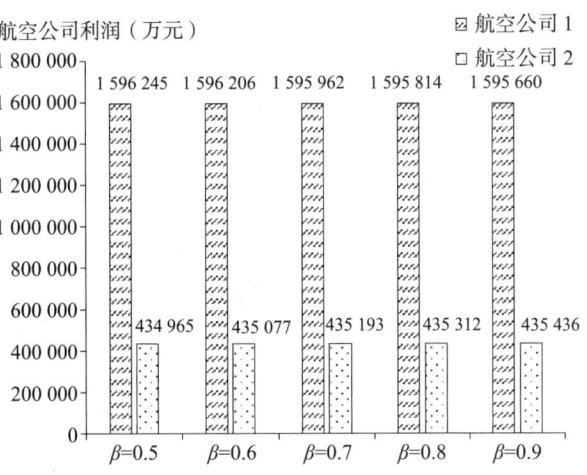

图 4.10 不同免费配额水平下航空公司利润情况

4.4.3 讨论

从上述的算例分析中我们可以知道,本章提出的考虑碳交易及碳补贴的双层决策模型可以有效地缓解政府与航空公司之间的目标冲突,并且可以解决航空公司利润与航空运输业碳减排之间的矛盾,对此我们提出了一些政策建议。首先,为了实现碳中和目标、保护生态环境,政府应该在航空运输系统中建立一个碳交易机制和碳补贴机制的混合分配机制。目前,二氧化碳的过量排放所导致的温室效应及气候变化给地球上的生物的生存发展带来了严重负面影响,其中航空公司碳减排问题越来越多地进入人们的视野。在航空运输系统中使用该混合模型,政府能够约束航空公司的碳排放,进而实现低碳目标、保护环境。其次,对于航空公司来说,碳排放量的减少却降低了公司的利润,不利于航空公司的可持续发展。对于政府来说,分配碳排放额度时不应该仅仅考虑分配政策的公平性以及碳排放量政策的削减,也应该考虑到航空公司的经营发展。因此,在满足碳减排目标的情况下,政府可以适当增加按历史碳排放量分配的免费碳配额水平,把更多的免费的碳排放额度分配给航空公司,减少它们的运营成本,促进航空公司可持续发展。由图 4.7~4.10 可知,随着按历史碳排放量分配的免费碳配额水平的逐渐增大,两家航空公司分配到的免费碳排放额度更多,政府投入碳交易市场的碳排放额度更少,使得航空公司 1 和航空公司 2 的利润不断地增加;同时,政府给航空公司发放的碳补贴也更多,这样做更加降低了航空公司因减少碳排放而带来的利润损失。最后,政府可以适当放宽碳补贴的比例限制。由图 4.5 和图 4.6 可知,随着碳补贴比例限制的增大,虽然减排效果并没有发生变化,但是政府给航空公司发放的碳补贴以及航空公司的利润都在不断地增加,对航空公司来说是有利的。此外,由于碳交易的市场属性,碳交易价格会不断发生变化,其改变并不会影响减排效果。对航空公司 1 来说,碳交易价格的增大虽然会获得更多的碳补贴,但是其利润却在不断地减少;但对航空公司 2 来说,利润却在增加。因此,碳交易价格的变化对航空公司的影响需要辩证看待。

4.5 结论与启示

航空运输是通过促进乘客和货物流动而成为全球经济的重要基础设施和推动者,随着全球对航空运输需求的增加,相对于其他部门,航空业对气候变化的影响预计在未来还会增加。因此,日益增长的公众舆论和政治压力可能会进一步针对航空运输,以减少其温室气体排放。政策制定者和航空运输业利益相关者面临的主要挑战是减少航空业温室气体排放。

二氧化碳作为温室效应和气候变化的最重要影响因素之一,其减排越来越多的受到人们的广泛关注,航空运输产生的二氧化碳越来越多,使得航空业的碳减排刻不容缓,因此应制定更有效的政策来减少碳排放。碳交易机制与碳补贴机制在全世界碳减排中被广泛应用。在碳交易与碳补贴机制下的航空运输碳排放额度分配问题中,政府和航空公司之间存在着目标冲突,比如,政府的碳减排目标和航空公司利润之间的冲突。为了解决这些冲突,本章提出了一个考虑政府和航空公司之间的相互制约与合作的多目标双层均衡模型,以帮助政府和航空公司做出合理的决策。同时,所提出的双层均衡模型主要描述政府和航空公司之间的交互式关系,可以帮助它们基于对方的策略改变来调整各自的策略以实现均衡。与传统模型相比较,这个模型考虑了一个基于碳交易机制和碳补贴机制的混合机制。然后,运用 KKT 方法和多目标处理方法来寻找该双层模型的满意解。

本章基于某行政区域所辖航空公司为算例来检验该方法的实用性和有效性。结果表明,根据模型给出的结果,在航空运输系统中引入考虑碳交易和碳补贴混合机制可以有效地降低航空公司的碳排放量,从而有利于实现碳减排目标和保护生态环境。政府向航空公司分配适当的碳排放额度将有利于碳减排。此外,政府在一定范围内适当提高碳补贴比例限制和按历史碳排放量分配的免费碳配额水平,在保证减排效果的同时也可以提高航空公司的利润,这将有利于航空公司的长期可持续发展。

第5章 考虑碳交易与碳税政策的航空运输多主体均衡决策研究

5.1 问题陈述

近几十年来,温室效应和气候变化成为威胁人类生存的关键问题,日渐恶劣的气候变化严重危害了生态系统的平衡,对人类的生活区、住宅区和基础设施造成了广泛、普遍的影响(梁进等,2020),如全球气温升高、冰川融化、海平面上升、陆地和海洋的极端高温事件、强降水事件、干旱和火灾等。为了应对气候变化,2015年《巴黎协定》正式提出,到21世纪末,在工业革命之前的水平上将全球温升控制在2℃以内,并努力达到1.5℃的目标(Agreement,2015)。但是据联合国政府间气候变化专门委员会(IPCC)第六次评估报告,2010—2019年全球温室气体年平均排放量处于人类历史上的最高水平,地球表面变暖的速率比预期的更快。在未来几十年里,所有地区的气候变化都将加剧,除非迅速和大规模地减少温室气体排放,否则将升温限制在接近1.5℃甚至是2℃或将无法实现。并且报告还指出,近50年来气候变暖的主要是由人类活动造成的(IPCC,2022)。由于社会经济的快速发展,人类活动所产生的温室气体不断增加,虽然其他温室气体和空气污染物也能影响气候,但二氧化碳仍然是气候变化的主要驱动因素(王锋等,2010)。据国际能源署(IEA)的统计,全球二氧化碳总排放量由1990年的205.1亿吨增加到2019年的343.6亿吨,增加了约67%(IEA,2022)。因为二氧化碳排放量持续增加,且对全球的气候变化产生严重的影响,所以碳减排对于全球的可持续发展至关重要。如何制定有效的气候政策来约束碳排放受到了全球的广泛关注(Dong et al.,2022)。

虽然航空运输业的二氧化碳排放量只占全球排放总量的2%左右(ICAO,2019),但是航空运输业产生的碳排放对气候的不利影响早已受到世界各国的广泛关注。为了应对气候变化,减轻航空业碳排放对环境造成的负面影响,世界范围内的飞机制造商、民航管理部门和航空公司都在不遗余力地采取各种措施努力减少二氧化碳排放。早在2009年国际航空运输协会(IATA)就曾承诺,全球航空运输业的燃油效率将从2009年开始年均提高1.5%,2020年实现碳排放零增长,并且2050年的碳排放比2005年减少50%(姚国欣,2011)。欧盟颁布的

《2008年排放交易指令》第一次将航空碳排放纳入欧盟排放交易体系,并于2012年正式实施,形成了欧盟航空碳排放交易机制(胡晓红,2011)。2016年10月,在加拿大蒙特利尔召开的国际民航组织第39次全会通过了《国际民航组织关于环境保护的持续政策和做法的综合声明——气候变化》和《国际民航组织关于环境保护的持续政策和做法的综合声明——全球市场措施机制》两份重要决议,确定了第一个全球性的航空行业市场减排机制——"国际航空碳抵消和减排机制"(Carbon Offsetting and Reduction Scheme for International Aviation,CORSIA)的实施框架。根据决议,从2021年起,国际航空二氧化碳排放较2020年水平增加的部分,航空公司需通过购买相应的减排量进行抵消。国际民航组织制订的一揽子气候行动计划的其他措施还包括空中航行效率提升、技术和运营基础设施改进和长期使用环境友好的航空生物燃油等(石钰婷等,2019)。在2019年举行的第十一次国际民航组织环保委员会会上,针对国际航空全球碳抵消和减排机制,各方审议了推行生物燃料使用等提案。飞机制造商波音公司认为,生物燃料是航空运输业在需求增长的同时减少二氧化碳排放的关键因素(刘广瑞等,2012)。航空生物燃油的使用目前已经逐渐成为未来航空业减少碳排放的重要措施(Zhang et al.,2015)。

碳税是以减少温室气体排放量为目的,主要针对二氧化碳排放量而征收的税种(封室伊和刘志雄,2022)。与碳交易机制一样,碳税机制也是促进碳减排的重要政策性机制之一(Lu et al.,2010;Bureau,2011)。芬兰于1990年开始征收碳税,是世界上最早征收碳税并且成功推行的国家(赵玉焕,2011)。虽然到目前为止,全球只有包括芬兰、挪威、荷兰、日本等20多个国家和地区征收碳税,但是其对于发展低碳经济和改善生态环境具有重大的影响。已有资料显示,在减少温室气体排放量方面,已经征收碳税的国家表现得更为出色(Sheldon,2010)。碳税的征收,会增加企业的生产成本,从而引导其节约能源,并逐步减少高碳能源的使用,起到减少碳排放量的作用。同时也使得替代清洁能源与廉价燃料相比更具有成本竞争优势,从而促进落后产能的转型,推动替代清洁能源的使用。另外,政府征收的碳税可以用于对减排企业的激励,也可以用来支持环保技术创新等项目,推动企业的绿色转型与发展(Sankar,2009)。碳税机制与碳交易机制都是目前世界上最主要的限制碳排放的环境保护机制(Callan et al.,2009;Bordigoni et al.,2012;World Bank,2017)。陈向阳(2022)认为,碳交易机制与碳税机制的综合运用,即在完善碳交易机制的同时开征碳税,可以更好地发挥各自的优势,从而更有效地减少各国的碳排放,促进社会绿色持续发展。

5.2 国内外研究现状

与碳限额与碳交易机制相比,目前,世界上实施碳税机制的国家或地区还比较少。但是鉴于碳税机制的成本优势与实施的可能性,有很多学者都开展了关于碳税机制及其对碳减排影响的研究。碳税机制从本质上来说是庇古税的一个重要的应用,是纠正负面外部性的有效途径(Pigou,1929)。庇古最早发现边际社会成本的存在,他在《福利经济学》中建议政府应根据污染所造成的危害对排污者收税,以税收形式弥补私人成本和社会成本之间的差距,以此产生了庇古税。从经济学的意义分析,庇古税所偏重的是效率原则,引导资源配置优化。也就是说,建立碳税制度并以此来控制二氧化碳的排放量,可以使不同企业根据各自的减排成本来选择减排量。相比较而言,庇古税较之其他控制手段,如排污标准、罚款,在同样的排污控制量的情况下,成本相对要低(高鹏飞和陈文颖,2002)。

很多学者分析了碳税的作用。魏涛远和格罗姆斯洛德(2002)利用一个可计算一般均衡模型分析了征收碳税对中国碳排放和经济的影响,发现征收碳税会使得经济恶化但是碳排放大幅减少,从长远来看,经济恶化的负面影响会逐渐地减弱。Tol(2007)通过国际旅游流量模型分析了煤油税的影响,认为即使税收规模很大,碳减排量也很小。姚昕和刘希颖(2010)构建了一个基于福利最大化的动态最优碳税模型来研究碳税的宏观影响,得出征收碳税可以减少碳排放量并且提高能源效率的结论。Mayor 和 Tol(2010)研究了几种碳定价机制,如英国航空客运税和荷兰航班税对欧洲碳排放的影响,认为英国航空客运税机制与荷兰航班税机制相比,碳排放量减少得更加明显。Hofer 等(2010)通过仿真对美国航空业的机票征税,模拟结果表明,碳排放量将与税收幅度成比例地减少。Dray 等(2014)应用综合模型来探索全球碳税对航空燃料的影响,并指出碳价格的高度可变性将给监管机构和航空公司带来市场不确定性和高昂的行政成本。González 和 Hosoda(2016)分析了日本航空燃料税对碳排放的影响,得出航空燃料税减少 30%将导致碳排放量增加近 10%的结论。Andersson(2019)实证分析了瑞典征收碳税和运输燃料增值税的影响,发现碳税对碳排放的重大因果效应,实施政策后,运输产生的二氧化碳排放量下降了近 11%,其中贡献份额最大的是碳税。Li 等(2022)将结构分解分析(Structural Decompositiong Analysis,SDA)整合到可计算的一般均衡(Computable General Equilibrium,CGE)模型中,模拟并分析了能源税对碳排放的影响和机制。研究表明,更高的税率导致二氧化碳排放量的减少更加明显,并且能源利用技术的进步能够增加单位能源产出,缓解能源税收的负面影响,国民生产总值可能上升而不是下降。

也有很多研究着重于比较碳交易机制与碳税机制的优缺点,力图寻求最适合的减排模式。Wood(2018)认为与碳交易机制相比,碳税具有主要优势,因为它不仅允许碳价格确定性并且管理成本较低,还是政府及有关部门非常重要的收入来源。当然,碳交易机制也有其自身的优势,它可以分配碳排放配额以尽量减少政策对竞争力的负面影响,并防止碳排放泄漏。Chen等(2020)通过静态最优模型比较碳税、碳限额、碳交易制度的清洁创新效应,得出碳交易制度和碳税都能刺激清洁创新并减少排放的结论,但是相比较而言,碳交易制度在减少排放和促进清洁创新方面比碳税更加有效。Kaufman(2016)认为通过设定一个随着时间的推移而下降的碳排放上限,碳交易政策可以提高碳排放将低于预定碳排放目标的确定性。由于碳税提供稳定的碳价格,因此,能源生产商和企业家可以做出投资决策,而不必担心监管成本的波动。此外,碳交易机制也有一定的缺点,如碳排放上限疲软、排放配额价格波动,以及向受监管实体分配碳排放配额过于慷慨等。管清友等(2021)则认为,由于各个国家和地区之间的经济、监管条件等差异,因此,简单地判断碳交易和碳税在减碳效果、综合影响上哪个更好显得过于绝对,综合来说,碳交易机制具有天然的金融属性,更加适合金融市场发展充分的国家和地区。而碳税机制因其较低的管理成本而更加适合经济发展不充分的国家和地区。这些研究表明,在寻求解决减少二氧化碳的难题时,碳交易机制与碳税机制都可能是有效的。然而,与碳交易机制相比,碳税机制缺乏灵活性(Keohane,2020)。此外,碳交易机制很难限制国际航空公司的碳排放(Qiu et al.,2017)。因此,可以建立将碳交易机制与碳税机制相结合的新型混合机制,促使探索更合适的航空碳减排方法。

目前已经有很多学者研究了碳交易机制与碳税机制相混合的复合政策对碳排放和经济的影响。Pizer(2002)研究认为碳交易与碳税结合的复合型减排政策有助于提升整体福利、增强减排量的可预知性,从而增加了公司继续进行投资以降低控制成本的可能性,这些优势使其成为碳交易或者碳税的有吸引力的替代方案。Lee等(2008)研究了将碳税和碳交易相结合的混合机制对不同行业的影响。结果表明,对于整个石化行业,仅征收碳税的情况下,2011—2020年期间的GDP累计将下降5.7%。但是,如果碳税与排放权交易同时实施,GDP只下降4.7%。许光(2011)认为碳交易侧重解决碳排放的数量问题,碳税侧重解决碳排放的价格问题,碳交易和碳税的综合运用是减少碳排放的最佳选择。石敏俊等(2013)基于动态可计算的一般均衡模型,通过设计碳税、碳排放交易以及两者相结合的复合政策情景,模拟分析选择不同减排政策的减排效果及减排成本,认为碳排放交易与适度碳税相结合的复合政策,既可以确保减排目标的实现,又可以降低复合机制覆盖行业的减排压力,并且减排成本适中,是各方面来说都较优的减排机制。孙亚男(2014)认为,在碳交易市场中征收碳税在减少二氧化碳的排放的同时,一定程度上可以增加企业的利润,从而实现低碳经济的可持续发展。王文军等(2016)以山东省和广东省的实证数据模拟了碳交易和碳税的减排成本,认为设计互补型的碳排放管理机制,可以使得碳交易与碳税发挥各自的制度优势。中国财政科学研究院课题组等(2018)建议,基于中国的现实国情和碳减排的迫切性,应该考虑碳交易和碳税两种政策的综合应用。Cao 等(2019)模拟了碳交易机制、碳税机制和碳交易与碳税混合机制在中国的电力和水泥行业碳排放表现,认为混合机制以更低的碳交易价格和更少的成本损失实现了相同的二氧化碳排放目标。这些研究表明,碳交易机制与碳税机制结合的混合机制在碳减排和降低成本等方面表现得更好。

全球航空运输需求的增长与航空碳减排目标之间存在一定的矛盾(Bows and Anderson,2007)。那么在考虑碳交易与碳税的混合机制下,政府和航空公司如何决策来平衡碳减排和航空公司利润的关系已经成为碳减排理论研究的重要内容,更是需要迫切解决的难题。在航空运输碳排放额度分配的过程中,政府相对于航空公司来说,处于一个比较有利的位置(Amdur et al.,2015;Torney and Gippner,2018)。政府通过对碳排放份额的限制和碳税价格的调节来达到碳排放的目标,而航空公司则通过绿色技术的研发和替代燃料的使用等措施来减少碳排放,并通过碳交易市场的买卖使得公司具有成本优势,从而增加公司的行业竞争力(Scheelhaase and Grimme,2007)。结合这里的讨论,笔者认为政府与航空公司之间存在着"领导者—追随者"的关系。政府分配碳排放碳排放额度、制定碳税价格,是领导者;航空公司根据政府分配的碳排放额度来进行航空飞行,处于追随者的地位。对于航空公司来说,增加公司的利润和减少碳排放不能同时实现,因为它们之间具有负相关关系。因此,既能促进环境保护又能促进航空运输发展均衡的方法,对于解决此类冲突至关重要。均衡策略,即如果任何利益攸关者遵循拟议的战略,则其他利益攸关者都不能通过偏离任何其他战略来获得更大的利益。均衡策略被视为处理此类冲突问题的有效工具,并且已经应用于解决航空业的冲突。Sheu 和 Li(2013)运用均衡策略研究了碳排放限额与碳交易制度下的碳排放权对全球航空公司竞争和绿色交通策略的影响。赵黎明和殷建立(2016)建立了一个考虑碳交易与碳税的二层规划决策模型,通过模拟仿真分析验证了该碳减排决策模型的有效性,认为此模型可作为政府和企业碳减排的有效决策支持工具。Qiu 等(2017)结合均衡策略提出了一个双层多目标模型来解决航空客运碳排放配额分配问题,通过一个具体算例验证了其在碳减排方面的实用性和有效性。

这些研究启发了笔者建立一种基于均衡策略的方法来解决航空运输减排与航空运输利润之间的冲突,以确保航空运输的可持续发展。碳交易机制和碳税机制下的航空运输决策系统涉及一个多目标双层决策体系。因此,本章研究了在碳交易和碳税机制下的航空运输碳减排问题,提出在碳交易和碳税框架下,建立一个双层模型来解决控制碳排放与航空公司利益之间的冲突。航空生物燃料是航空企业应对气候变化、减少碳排放的根本途径和最重要措施(何皓等,2019)。航空生物燃料的性质与传统石油基燃料相当,单独或者与化石航空煤油混合后可满足航空飞行的动力性能和安全要求,是一种可持续的绿色能源(舟丹,2014)。由于生物燃料的可持续性和减排属性,且已经被广泛应用于航空飞行之中,因此,本章也从各航空公司是否采用航空生物燃料的角度来研究问题。

5.3 参数说明与模型构建

5.3.1 参数说明

本章用于描述碳交易与碳税的航空运输多主体均衡决策问题的数学符号及其说明见表5.1。

表5.1 数学符号说明

变量	符号	说 明
指标	i	第i个航空公司,其中$i \in \Omega = \{1, 2, \cdots, I\}$
参数	I	航空公司的数量
	M_T(kg)	碳排放限额
	M_F(kg)	免费的总碳排放额度
	M_P(kg)	非免费的总碳排放额度
	HM(kg)	按历史碳排放量分配的免费碳配额
	QM(kg)	剩余的免费碳配额
	M_{hi}(kg)	按历史碳排放量分配给的航空公司i的免费碳配额
	R_i	航空公司i的历史年利润
	H_i(kg)	航空公司i的历史年碳排放量
	C	实施碳配额分配政策的成本
	EF_t(kg-CO_2/kg)	传统航空燃料的碳排放系数
	EF_b(kg-CO_2/kg)	生物燃料的碳排放系数
	P_b	生物燃料的价格
	P_t	传统航空燃料的价格

续表

变量	符号	说　　明
参数	P_c	碳交易市场的碳交易价格
	P_s	碳税价格
	m_{ti}(kg)	航空公司每年的传统航空燃料量
	λ_i	航空公司 i 的历史碳排放量占该行业的百分比
	η	边际政策成本限制
	σ	生物燃料占比上限
	ρ	碳限额水平
	θ	碳税价格与碳交易价格的最大比例限制
	α	免费碳配额水平
	β	按历史碳排放量分配的免费碳排放额度水平
函数	AE_i	航空公司 i 的实际年碳排放量
	TE	所有航空公司总碳排放量
	W_i	航空公司 i 的营业利润
	BSC_i	航空公司 i 的碳交易量
	MTC	实施政策的总边际社会成本
决策变量	M_{qi}(kg)	航空公司 i 剩余的免费碳排放额度
	m_{bi}(kg)	航空公司 i 购买的生物燃料数量

5.3.2　模型构建

对于政府和航空公司来说，碳交易与碳税机制下双方的决策都是一个复杂的问题。碳交易机制和碳税机制都是在碳减排中执行广泛而争议较大的环境机制(Huang and Ma,2016)。作为科斯定理的应用，碳交易机制是一种基于市场的机制，旨在控制碳排放(Coase,1960)。航空公司必须持有与其实际碳排放量相等的配额。总碳排放配额受到预定上限的限制，该上限会随着时间的推移而逐渐收紧。对于碳税机制，它是一种基于激励的机制，对实际碳排放征税(He and Chen,2017)。碳税收入可用于补贴环保项目，资助相关监管机构等(Jiang and Shao,2014)。在本章中，政府的目标是保障碳排放额度分配的公平性并且完成碳减排的任务。对于航空公司来说，分配到的碳配额是一个阈值，可以转换为每家航空公司的预期最大排放量。由于航空公司的决策受到政府碳配额分配的影响，因此，航空公司追求利润最大化的目标就会受到约束。航空生物燃料在航空运输业的碳减排中发挥的作用越来越显著(胡徐腾等,2012)。因此，本章假定航空公司需要购买生物燃料来实现减排目的，政府则需要进行碳配额的合理分配来保障公平性。总之，在考虑碳交易与碳税的航空运输碳减排问题时，本章从政府和航空公司两个方面建立双层决策模型。通过此方法能统筹解决双方的利益冲突,得到一个彼此认为较合理的结果。

在建立双层模型前,需要提出以下假设:

(1)这是一个单周期的碳排放额度分配,即在某段时期的开始阶段,政府分配给各航空公司的免费碳排放额度以及投放在碳交易市场中碳排放额度是确定的。下一个周期,政府可能会根据企业的实际运营情况作出调整,这个假设符合实际情况,是合理的。

(2)为了方便计算,在这个单周期中,假设碳交易市场中碳交易价格是某个确定的值。

(3)航空公司的实际碳排放量与政府分配的免费碳排放额度之间的差异,可通过在碳交易市场上卖出或者买入碳排放额度来填补。这个假设是为了确保碳交易市场存在的合理性。

(4)在不改变执飞计划的前提下,每个航空公司的决策变量为使用多少生物燃料,即航空公司在本期内的实际碳排放量为上期历史碳排放量减去因采用生物燃料而减少的碳排放量。此假设简化了实际情况,在航空公司满足客户需求的前提下,把问题聚焦在生物燃料的使用情况上。

(5)政府和航空公司都是理性的决策者,可以充分理解各自的目标和所受到的约束。该假设说明各方决策者了解所有信息,可以有效进行权衡。

针对碳交易和碳税下的航空运输碳减排问题,该模型提出了政府的碳排放额度分配决策以及航空公司生物燃料使用量决策。政府和航空公司分别有各自的目标函数与资源约束条件,这构成了碳交易与碳税机制下的多目标双层模型。

航空公司的决策计划:航空公司在政府分配碳额度的限制下能做的决策行为是购买多少生物燃料来实现最大的经济效益。

经济效益:第 i 家公司的利润为历史年利润(R_i)减去燃料成本$[m_{bi}P_b + P_t(m_{ti} - m_{bi})]$,再减去公司用于碳交易市场上的交易成本($P_c BSC_i$)和公司付出的碳税成本($P_s AE_i$)。因此,航空公司 i 的利润最大化可表示为:

$$\max W_i = R_i - m_{bi}P_b - P_c BSC_i - P_t(m_{ti} - m_{bi}) - P_s AE_i \quad (5.1)$$

生物燃料配比限制:目前,由于技术限制,生物燃料与传统燃料之间的混合存在一定的比例限制,表示如下:

$$0 \leqslant m_{bi} \leqslant \delta m_{ti}, \forall i \in \Omega \quad (5.2)$$

碳交易限制:航空公司可根据实际碳排放量来确定在碳交易市场购买或出售的碳排放额度量,下列等式给出了航空公司可以在市场交易的碳排放额度:

$$BSC_i = BSC_i^+ - BSC_i^-, \forall i \in \Omega \quad (5.3)$$

$$BSC_i = AE_i - M_{hi} - M_{qi}, \forall i \in \Omega \quad (5.4)$$

$$BSC_i^+ \geqslant 0, BSC_i^- \geqslant 0, \forall i \in \Omega \tag{5.5}$$

航空公司的净买入碳排放额度不能超过政府分配的非免费的总碳排放额度：

$$\sum_{i \in \Omega}(BSC_i^+ - BSC_i^-) \leqslant M_P \tag{5.6}$$

对于航空公司 i 来说，只能在碳交易市场中选择卖出或买入碳排放额度，不能同时进行，等式表示如下：

$$BSC_i^+ \cdot BSC_i^- = 0, \forall i \in \Omega \tag{5.7}$$

政府的碳排放配额分配：作为碳配额分配的政策制定者，政府首先制定战略，以实现环境基尼系数和航空企业的总年度实际碳排放量最小化的目标。

环境基尼系数：参考第 3 章关于环境基尼系数的描述。环境基尼系数最小化是政府的目标之一，它体现了政府分配碳排放额度时的公平性原则。因为政府征收碳税使得航空公司的年实际利润 W_i 发生改变，所以环境基尼系数也跟着发生变化。其表示如下：

$$\min EGC = \sum_{i \in \Omega}\sum_{j \in \Omega} \frac{1}{2(I-1)\sum_{i \in \Omega}\frac{AE_i}{W_i}} \left|\frac{AE_i}{W_i} - \frac{AE_j}{W_j}\right| \tag{5.8}$$

式中，$\frac{AE_i}{W_i}$ 是航空公司 i 每单位营业利润的实际碳排放量，也可以表示为：

$$\frac{AE_i}{W_i} = \frac{H_i - m_{bi}(EF_t - EF_b)}{R_i - m_{bi}P_b - P_c[H_i - m_{bi}(EF_t - EF_b) - HM_i - QM_i] - P_t(m_{ti} - m_{bi}) - P_s[H_i - m_{bi}(EF_t - EF_b)]}$$

航空公司的实际碳排放量：参考第 3 章关于航空公司实际碳排放量的描述。政府为了减少航空运输业的碳排放，需要将总碳排放量最小化作为目标之一。其表示如下：

$$\min TE = \min \sum_{i \in \Omega} AE_i = \sum_{i \in \Omega}[H_i - m_{bi}(EF_t - EF_b)] \tag{5.9}$$

政府的分配约束：参考第 3 章政府对碳排放额度分配约束的描述。其表示如下：

$$M_T = \rho \sum_{i \in \Omega} H_i \tag{5.10}$$

$$M_T = M_F + M_P \tag{5.11}$$

$$M_F \geqslant \alpha M_T \tag{5.12}$$

$$M_F = HM + QM \tag{5.13}$$

$$HM \geqslant \beta M_F \tag{5.14}$$

$$M_{hi} = \lambda_i HM, i \in \Omega \tag{5.15}$$

$$QM = \sum_{i \in \Omega} M_{qi} \tag{5.16}$$

碳税价格限制：对于政府来说，制定的碳税价格与碳交易市场上的碳交易价格之间存在一定的比例限制。其表示如下：

$$0 \leqslant P_s \leqslant \theta P_c \tag{5.17}$$

边际碳排放成本限制：政府征收碳税也导致边际碳排放成本 MTC 的变化。其表示如下：

$$MTC \leqslant \eta \tag{5.18}$$

式中，边际碳排放成本 MTC 也可以表示为：

$$MTC = \frac{C + \sum_{i \in \Omega}\{m_{bi}(P_b - P_t) + P_c[H_i - m_{bi}(EF_t - EF_b) - HM_i - QM_i)] + P_s[H_i - m_{bi}(EF_t - EF_b)]\}}{\sum_{i \in \Omega}[m_{bi}(EF_t - EF_b)]}$$

整体模型：为了满足旅客的正常需求、保障航空公司的利润以及控制碳排放量，本章提出建立双层模型来解决各主体间的目标冲突。首先，政府要尽量保障分配政策的公平性，即最小化环境基尼系数[即式(5.8)]。其次，为了低碳可持续发展，政府需要降低总的实际碳排放额度[即式(5.9)]。同时，政府的碳排放额度分配受到一些约束[即式(5.10)～(5.18)]。第二层模型中，航空公司的目标为利润最大化[即式(5.1)]。此外，航空公司的决策变量为购买多少生物燃料来代替传统燃料，燃料的混合配比也受到限制[即式(5.2)]。最后，航空公司的碳交易也受到一定的限制[即式(5.3)～(5.7)]。基于以上的分析，我们可以利用双层模型来解决政府与航空公司的之间的目标冲突，因此，我们可以用式(5.19)描述整个问题。

$$\min EGC = \sum_{i \in \Omega}\sum_{j \in \Omega} \frac{1}{2(I-1)\sum_{i \in \Omega}\frac{AE_i}{W_i}}\left|\frac{AE_i}{W_i} - \frac{AE_j}{W_j}\right|$$

$$\min TE = \min \sum_{i \in \Omega} AE_i = \sum_{i \in \Omega}[H_i - m_{bi}(EF_t - EF_b)]$$

$$\text{s.t.} \begin{cases} M_T = \rho \sum_{i \in \Omega} H_i \\ M_T = M_F + M_P \\ M_F \geqslant \alpha M_T \\ M_F = HM + QM \\ HM \geqslant \beta M_F \\ M_{hi} = \lambda_i HM, i \in \Omega \\ QM = \sum_{i \in \Omega} M_{qi} \\ 0 \leqslant P_s \leqslant \theta P_c \\ MTC \leqslant \eta \\ \max W_i = R_i - m_{bi} P_b - P_c BSC_i - P_t(m_{ti} - m_{bi}) - P_s AE_i \\ \text{s.t.} \begin{cases} 0 \leqslant m_{bi} \leqslant \delta m_{ti}, \forall i \in \Omega \\ BSC_i = BSC_i^+ - BSC_i^-, \forall i \in \Omega \\ BSC_i = AE_i - M_{hi} - M_{qi}, \forall i \in \Omega \\ BSC_i^+ \geqslant 0, BSC_i^- \geqslant 0, \forall i \in \Omega \\ \sum_{i \in \Omega} (BSC_i^+ - BSC_i^-) \leqslant M_P \\ BSC_i^+ \cdot BSC_i^- = 0, \forall i \in \Omega \end{cases} \end{cases} \quad (5.19)$$

模型转换：我们运用 KKT 方法将双层规划转化为简单的单层规划，关于 KKT 方法的描述参考第 3 章的内容。

首先，下层模型的拉格朗日方程构造如下：

$$\begin{aligned} L = & R_i - m_{bi} P_b - P_c [H_i - m_{bi}(EF_t - EF_b) - HM_i - QM_i] - \\ & P_t(m_{ti} - m_{bi}) - P_s AE_i + u_i(m_{bi} - \delta m_{ti}) + \\ & v \sum_{i \in \Omega} \{[H_i - m_{bi}(EF_t - EF_b) - HM_i - QM_i] - M_P\} + \omega_i(-m_{bi}) - \\ & P_b + P_c(EF_t - EF_b) + P_t + P_s(EF_t - EF_b) + u_i - v(EF_t - EF_b) - \\ & \omega_i = 0 \end{aligned} \quad (5.20)$$

其次，根据构造的拉格朗日方程和下层模型 KKT 条件的互补松弛条件，可以将下层模型转换为上层模型的附加约束。其表示如下：

$$u_i(m_{bi} - \delta m_{ti}) = 0 \quad (5.21)$$

$$v \sum_{i \in \Omega} \{[H_i - m_{bi}(EF_t - EF_b) - HM_i - QM_i] - M_P\} = 0 \quad (5.22)$$

$$\omega_i(-m_{bi}) = 0 \quad (5.23)$$

$$u_i, \omega_i, v \geqslant 0 \quad (5.24)$$

最后，转化后的模型如下：

$$\min EGC = \sum_{i \in \Omega} \sum_{j \in \Omega} \frac{1}{2(I-1) \sum \frac{H_i - m_{bi}(EF_t - EF_b)}{R_i - m_{bi}P_b - P_c[H_i - m_{bi}(EF_t - EF_b) - HM_i - QM_i] - P_t(m_{ti} - m_{bi}) - P_s[H_i - m_{bi}(EF_t - EF_b)]}} \cdot \left| \frac{AE_i}{W_i} - \frac{AE_j}{W_j} \right|$$

$$\min TE = \sum_{i \in \Omega} AE_i = \sum_{i \in \Omega}[H_i - m_{bi}(EF_t - EF_b)]$$

$$\text{s.t.} \begin{cases} M_T = \rho \sum_{i \in \Omega} H_i \\ M_T = M_F + M_P \\ M_F \geqslant \alpha M_T \\ M_F = HM + QM \\ HM \geqslant \beta M_F \\ HM_i = \lambda_i HM, i \in \Omega \\ QM = \sum M_{qi} \\ 0 \leqslant P_s \leqslant \theta P_c \\ \dfrac{C + \sum_{i \in \Omega}\{m_{bi}(P_b - P_t) + P_c[H_i - m_{bi}(EF_t - EF_b) - HM_i - QM_i] + P_s[H_i - m_{bi}(EF_t - EF_b)]\}}{\sum_{i \in \Omega}[m_{bi}(EF_t - EF_b)]} \leqslant \eta \\ -P_b + P_c(EF_t - EF_b) + P_t + P_s(EF_t - EF_b) + u_i - v(EF_t - EF_b) - \omega_i = 0 \\ m_{bi} \leqslant \delta m_{ti} \\ \sum_{i \in \Omega}(H_i - m_{bi}(EF_t - EF_b) - HM_i - QM_i) \leqslant M_P \\ m_{bi} \geqslant 0 \\ u_i(m_{bi} - \delta m_{ti}) = 0 \\ v \sum_{i \in \Omega}\{[H_i - m_{bi}(EF_t - EF_b) - HM_i - QM_i] - M_P\} = 0 \\ \omega_i(-m_{bi}) = 0 \\ u_i, \omega_i, v \geqslant 0 \end{cases}$$

(5.25)

多目标处理：为了简化整体模型［即式(5.25)］的计算，这里引入一种加权求和方法来处理政府的多个目标［即式(5.8)和式(5.9)］。关于多目标处理的具体做法参考第 3 章的内容。

5.4 算例分析

5.4.1 相关数据

本节通过一个算例来展示所提出的优化方法在分配碳排放额度和选择合适的生物燃料使用量中的效果。模型相关的数据见表 5.2 和 5.3。

表5.2 航空公司相关参数值

参　数	航空公司1	航空公司2
历史年利润 R_i(元)	23 382 000 000.00	5 601 000 000.00
历史年碳排放量 H_i(吨)	4 679 000.00	784 579.00
年使用的航空燃料量 m_{ti}(吨)	1 485 396.83	249 072.70
历史碳排放量的百分比 λ_i	86%	14%

表5.3 模型中使用的其他参数值

参　数	数　值
传统航空燃料的碳排放系数 EF_t(吨)	3.15
生物燃料的碳排放系数 EF_b(吨)	0.35
传统航空燃料价格 P_t(元/吨)	5 566
生物燃料价格 P_b(元/吨)	10 000
碳交易价格 P_c(元/吨)	30.82
边际政策成本限制 η(元/吨)	2919
生物燃料占比上限 δ	0.5
碳税比例上限 θ	10
免费碳配额水平 α	0.5
按历史碳排放量分配的免费碳排放额度水平 β	0.5
实施政策的成本 C(元)	5 000 000
碳排放限额 M_T(吨)	5 190 400

5.4.2　结论和分析

本章将均衡策略与碳交易机制和碳税机制结合,设计一个多目标双层模型,以帮助政府对碳排放额度做出分配决策和航空公司对生物燃料使用量做出购买决策。当碳排放限额 M_T = 5 190 400 吨(碳限额水平 ρ = 95%)时,经计算,政府的分配政策和航空公司的应对策略见表5.4和表5.5。

表5.4 政府的分配政策

参　数	航空公司1	航空公司2
免费的总碳排放额度(吨)	5 190 400	
非免费的总碳排放额度(吨)	0	
按历史碳排放量分配的免费碳配额(吨)	2 222 525	372 675
分配的其余碳额度(吨)	2 595 200	0
分配到的总碳额度(吨)	4 817 725	372 675
碳税价格(元)	300	

表 5.5　航空公司的应对策略

参　数	航空公司 1	航空公司 2
购买的生物燃料量(吨)	742 698.4	124 536.4
碳交易量(吨)	−2 218 281	−411 904
实际年碳排放量(吨)	2 599 444	435 877
历史年碳排放量(吨)	4 679 000	784 579
碳减排量(吨)	2 079 556	348 702
碳减排总量(吨)	2 428 258	
实际利润(万元)	1 188 770	366 057
历史利润(万元)	2 338 200	560 100
利润减少额(万元)	1 149 430	194 043
利润减少总额(万元)	1 343 473	

由表 5.4 与表 5.5 可知,当碳排放限额 $M_T=5\,190\,400$ 吨时,对政府来说,分配政策应该为将所有的碳排放额度免费分配给航空公司。其中,航空公司 1 按历史碳排放量分配到碳排放额度 2 222 525 吨,分配到的其余碳排放额度为 2 595 200 吨;航空公司 2 按历史碳排放量分配到的碳排放额度为 372 670 吨,分配到的其余碳排放额度为 0 吨。同时,政府应制定的碳税价格为 300 元。对航空公司来说,航空公司 1 购买生物燃料 742 698.4 吨,航空公司 2 购买生物燃料 124 536.4 吨。相应地,两家航空公司的实际碳排放量都有了明显的下降。航空公司 1 的碳排放量下降了约 44.4%,下降至 2 599 444 吨;航空公司 2 的碳排放量也下降了约 44.4%,下降至 435 877 吨;总碳排放量减少了约 44.4%,两家航空公司碳排放减少总量为 2 428 258 吨。在经济效益方面,航空公司 1 实际利润下降至 1 188 770 万元,减少了约 49.2%;航空公司 2 实际利润下降至 366 057 万元,减少了约 34.6%,利润总额下降了约 46.4%。从图 5.1 和图 5.2 可以看出,航空公司 1 和航空公司 2 的减排效果显著,总碳排放量减少了将近一半。但与此同时,也导致了非常大的利润损失。

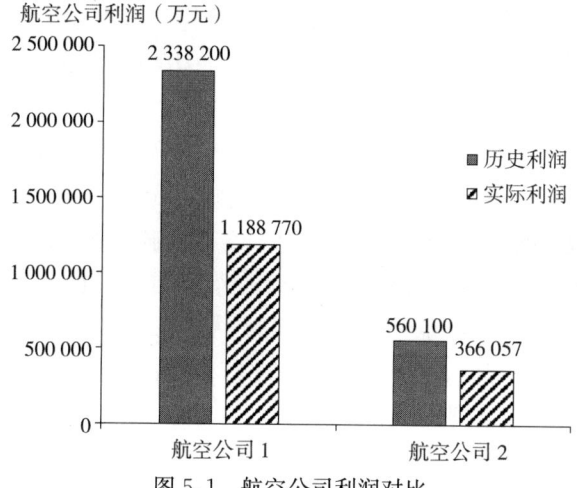

图 5.1　航空公司利润对比

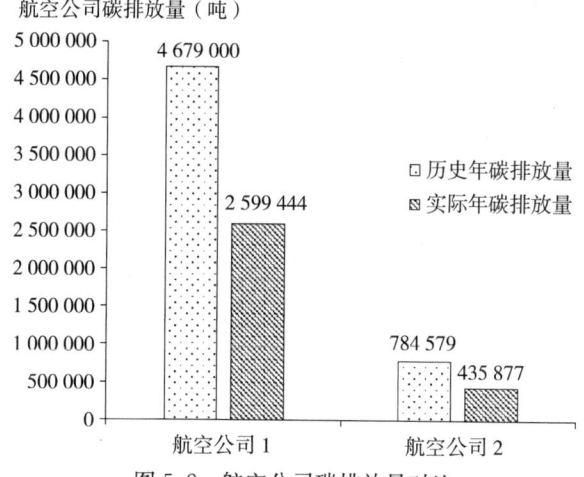

图 5.2　航空公司碳排放量对比

上述分析都是在生物燃料占比上限 $\delta=0.5$ 的条件下得出的，目前，由于技术的不断进步，航空公司可以使用更高比例的生物燃油来进行飞行任务。下面我们讨论了当混合燃料比 $\delta=0.5$、0.6、0.7、0.8、0.9、1.0 时，政府的分配政策和模型给出的不同方案的减排效果及利润情况等。

将碳排放限额 M_T 控制在 5 190 400 吨，模型给出的结果为：当 $\delta=0.5$、0.6、0.7、0.8、0.9、1.0 时，政府的分配政策依然为将所有的免费碳排放额度分配给两家航空公司。其中，航空公司 1 按历史碳排放量分配到的免费碳排放额度为 2 222 525 吨，并且分配到的其余碳排放额度为 2 595 200 吨；航空公司 2 按历史碳排放量分配到的免费碳排放额度为 372 675 吨，没有分配到政府发放的其余碳排放额度。同时，政府应制定的碳税价格依然为 300 元，生物燃料占比上限的增加并不会影响碳税价格的设定。随着生物燃料占比上限的增加,两家航空公司分配到的碳排放额度没有发生改变,说明生物燃料占比上限 δ 的增加并不会影响政府的分配政策。

由图 5.3 和图 5.4 可知,随着生物燃料使用比例上限的提高,使得减排效果逐渐增强。当 $\delta = 1.0$ 时,相比于历史碳排放量,航空公司 1 减少碳排放 4 159 111 吨,减排效果达 88.9%;航空公司 2 减少碳排放 697 404 吨,减排效果达 88.9%。相应地,由图 5.5 可知,随着生物燃料混合比的增加,两家航空公司的利润也在逐渐减少。生物燃料占比上限 δ 从 0.5 增加到 1.0,航空公司 1 的总利润下降了 323 074 万元,下降的比例约为 27.2%;航空公司 2 的总利润下降了 54 173 万元,下降的比例约为 14.8%。δ 由 0.5 到 1.0,减排效果提升了约 44.4%,利润下降了约 24.3%。

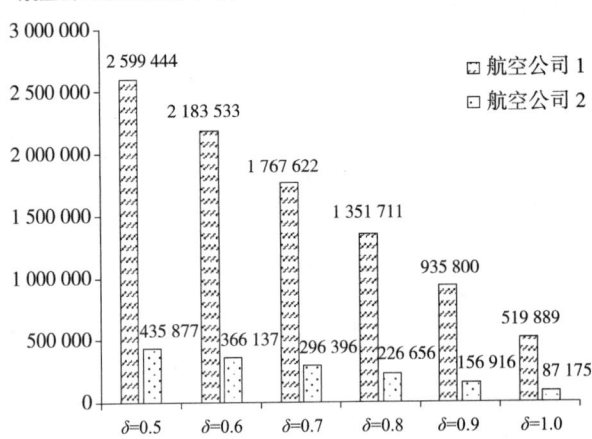

图 5.3 不同生物燃料占比上限下航空公司的碳排放量

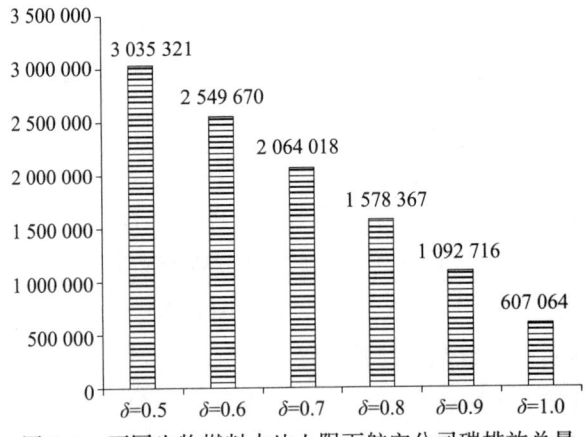

图 5.4 不同生物燃料占比上限下航空公司碳排放总量

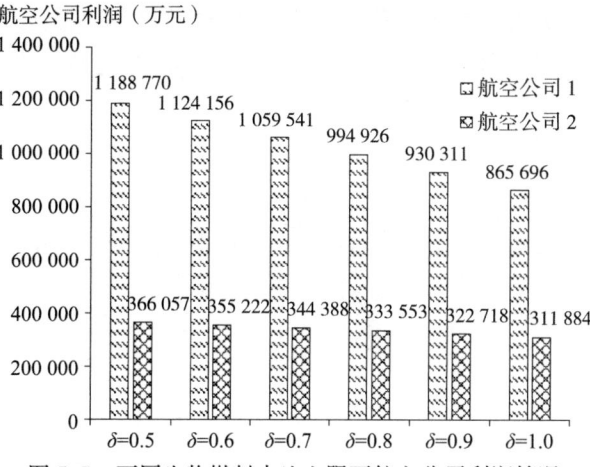

图 5.5 不同生物燃料占比上限下航空公司利润情况

同时,由图 5.6 我们也可以看到,随着生物燃料占比上限 δ 的增大,航空公司选择购买的生物燃料量也在逐渐增加。当 δ 由 0.5 增加到 1.0 时,航空公司 1 选择购买的生物燃料量增加了 742 699 吨,增加的比例约为 100.0%;航空公司 2 选择购买的生物燃料量增加了 124 537 吨,增加的比例约为 100.0%。

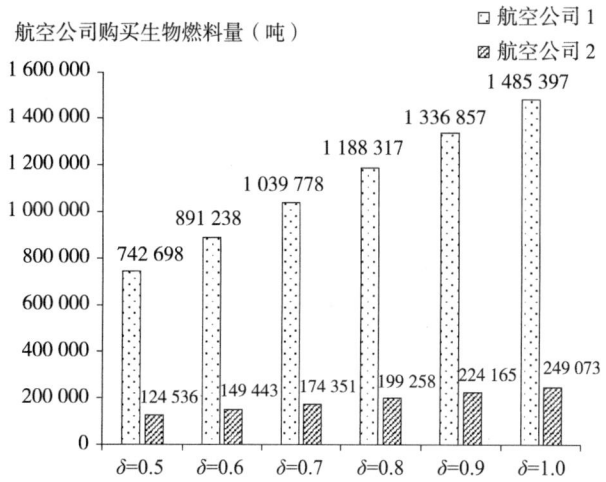

图 5.6 不同生物燃料占比上限下航空公司购买的生物燃料量

以上分析都是在碳限额水平 $\rho = 95\%$ 的条件下得出的,下面我们讨论生物燃料占比上限 $\delta = 0.5$ 不变,碳限额水平 $\rho = 93\%$、94%、95%、96%、97% 的情况下,政府的分配政策和模型给出的不同方案减排效果及航空公司的利润情况等。

由图 5.7 可知,当碳限额水平 $\rho = 93\%$、94%、95%、96%、97% 时,即碳排放限额 $M_T = 5\ 081\ 128$、$5\ 135\ 764$、$5\ 190\ 400$、$5\ 245\ 036$、$5\ 299\ 672$ 吨,对政府来

说，分配政策依然为将所有的免费碳排放额度分配给两家航空公司，并且政府把所有的其余碳排放额度均分配给了航空公司 1。同时，政府应设定的碳税价格依然为 300 元。

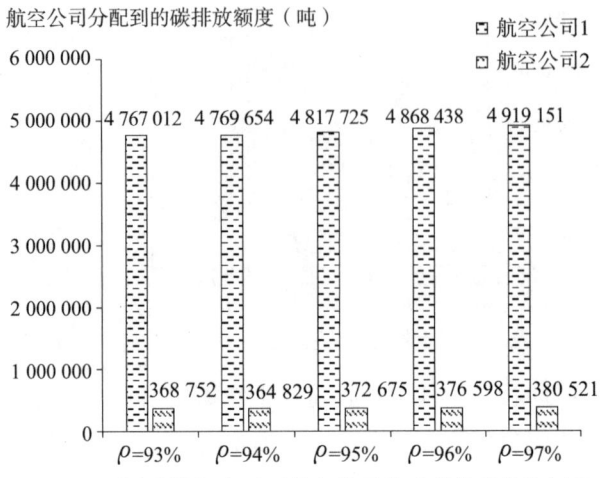

图 5.7　不同碳限额水平下航空公司分配到的碳排放额度

同时，根据模型给出的结果，两家航空公司的总碳排放量不变，依然为航空公司 1 2 599 444 吨，航空公司 2 435 877 吨。结果表明，随着碳限额水平 ρ 从 93% 增加到 97%，航空公司的减排效果不变。同时，随着碳限额水平 ρ 的增大，两家航空公司购买的生物燃料量也不变，依然为航空公司 1 1 742 698.4 吨，航空公司 2 2 124 536.4 吨。

在利润方面，由图 5.8 可以发现，随着碳限额水平 ρ 的增大，两家航空公司的利润均在增加。ρ 从 93% 增加到 97% 时，航空公司 1 的年利润从 1 188 618 万元增加到 1 189 075 万元，增加的比例约为 0.38%；航空公司 2 的年利润从 366 045 万元增加到 366 081 万元，增加的比例约为 0.01%。总体来说，虽然随着碳限额水平的增大，航空公司的利润也在增加，但是收入增加的效果不明显。

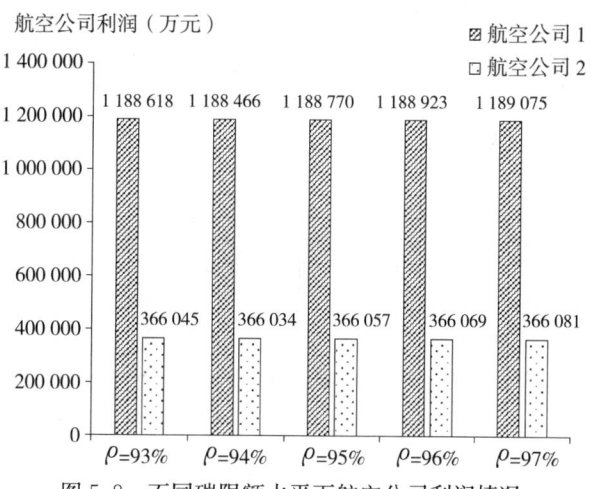

图 5.8 不同碳限额水平下航空公司利润情况

对于政府来说,按历史碳排放量分配的免费碳排放额度水平 β 可以适当地提高,下面我们讨论 $\beta=0.5$、0.6、0.7、0.8、0.9 和 1.0 时,政府的分配政策和航空公司购买生物燃料量的决策以及其所带来的利润情况和碳排放量变化等。

由图 5.9 可知,对政府来说,分配政策依然为免费将所有碳排放额度分配给两家航空公司,并且应设定的碳税价格为 300 元。随着按历史碳排放量分配的免费碳排放额度水平 β 由 0.5 增加到 1.0,航空公司 1 所分配到的碳排放额度逐渐减少,具体来说由 4 817 725 吨降低到 4 445 050 吨,降低的比例约为 7.74%。然而,对于航空公司 2 来说,随着 β 的增大,所分配到的碳排放额度逐渐增加,具体来说由 372 675 吨增加到 745 350 吨,增加的比例为 100%。出现这种现象的原因是随着 β 的增加,两家航空公司按照历史碳排放量所能分配的总碳排放额度在不断地增加,所以航空公司 2 分配到的碳排放额度也增加,但对于航空公司 1 来说,所能分配到的其余碳排放额度却在不断地减少,所以航空公司 1 所分配到的碳排放额度也逐渐减少。

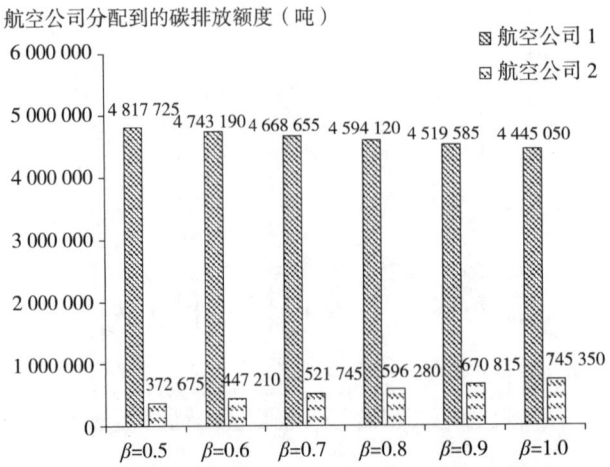

图 5.9 不同免费碳排放额度水平下航空公司分配到的碳排放额度

在航空公司的利润方面,由图 5.10 可知,随着 β 由 0.5 增加到 1.0,航空公司 1 的利润在逐渐减少,而航空公司 2 的利润在逐渐增加。具体来说,航空公司 1 利润降低了 1 118 万元,降低的比例约为 0.09%;航空公司 2 利润增加了 1 130 万元,增加的比例约为 0.31%。两家航空公司的总利润增加了 12 万元。

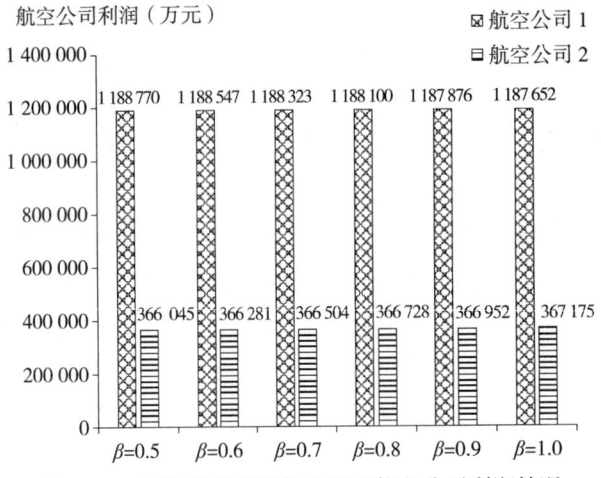

图 5.10 不同免费碳排放水平下航空公司利润情况

5.4.3 讨论

在以上分析和讨论的基础上,本章提出的优化方法可以有效地解决航空公司利润与航空运输碳减排之间的目标冲突,对此我们提出了一些政策建议。首先,基于低碳目标和环境保护,政府应该在航空运输系统中建立一个碳交易机制和碳税机制的混合分配机制。目前,温室效应和气候变化成为威胁人类生存的关键问题,日渐恶劣的气候变化严重影响了人们的生活,航空公司碳减排问题越来越多地受到人们的关注。使用该混合模型,政府能够指导航空公司开展低碳运营活动,约束航空公司的碳排放。然而,因为碳排放减少的同时也伴随着航空公司的利润下降(由图5.1可知),所以对于政府来说,不仅仅应该关注航空公司的碳排放量削减,还应该考虑航空公司的可持续发展。因此,在碳交易机制和碳税混合机制下,航空公司可以使用更多的生物燃料以降低运营成本、提高公司的市场竞争力。对于航空公司来说,提高生物燃料的使用比例将极大地减少碳排放。例如,由图5.3和图5.4可知,随着生物燃料的配比δ从0.5上升到1.0,减排效果高达88.9%。虽然随着生物燃料使用量的增加,航空公司的减排效果明显,但是其利润也在不断下降。因此,根据政府的碳排放额度的分配决策,航空公司可以使用合适的生物燃料配比来减少损失。其次,政府可以利用所提出的模型来制定合适的碳排放额度分配决策,例如,表5.4中航空运输碳排放配额分配问题的分配政策是为政府提供的可行性分配政策之一。最后,在满足碳减排目标的情况下,政府可以适当增加碳限额水平和按历史碳排放量分配的免费碳排放额度水平,这样做可以增加航空公司的利润,从而激发航空公司的积极性,促进其持续发展。例如,由图5.7和图5.10可知,随着碳限额水平的增大,航空公司的利润增加,但其碳排放量并无变化。

5.5 结论与启示

由于航空运输的需求增加使其在全球碳排放所占的份额越来越大,航空运输碳减排刻不容缓,因此应制定更有效的政策来减少碳排放。碳交易机制与碳税机制都是目前世界上主流的碳减排机制。在碳交易与碳税机制下的航空运输碳排放额度的分配问题中,政府和航空公司间存在着目标冲突,比如,政府的碳减排目标和航空公司的运输需求增长之间的冲突。为了解决这些冲突,本章提出了一个考虑政府和航空公司双方相互制约与合作的多目标双层均衡模型,以帮助政府做出碳排放额度分配决策和航空公司做出购买生物燃料使用量决策。同时,所提出的均衡模型主要描述利益相关者(即政府和航空公司)之间的交互式关系,因此可以帮助它们基于其他利益相关者的策略改变来调整各自的策略以实现均衡。与传统分配模型相比较,这个模型考虑了一个基于碳交易机制和碳税机制的混合机制。然后,运用KKT方法和多目标处理方法来寻找该双层模型的满意解。

本章以某行政区域所辖航空公司为算例来检验该方法的实用性和有效性。结果表明,首先,根据模型给出的结果,考虑碳交易和碳税的混合机制有利于降低航空公司的碳排放,是低碳航空运输管理中非常重要的一部分。因此,政府向市场分配适当的碳排放额度将有利于碳减排。其次,随着生物燃料的使用比例增加,碳减排的效果也在逐渐增强,因此,航空公司使用适当比例的生物燃料有助于促进碳减排的实现。最后,政府在一定范围内适当提高碳限额水平和按历史碳排放量分配的免费碳排放额度水平,不仅可以保障减排效果,也可以增加航空公司的利润,有助于航空公司的可持续发展。

第6章 考虑三重碳定价政策的航空运输多主体均衡决策研究

6.1 问题陈述

在过去的几十年里,人类生活对地球的累积影响,尤其是工业上,过度使用化石燃料作为能源资源导致大气中温室气体(如 CO_2、CH_4、N_2O 和水蒸气)浓度增加,大气中二氧化碳的积累会困住地球表面吸收阳光后发出的红外辐射,并导致地球表面和海洋温度以惊人的趋势持续上升,造成全球变暖(Zandalinas et al.,2021)。尽管全球变暖分布并不均匀,但全球平均温度的上升趋势表明,变暖的地区多于变冷的地区。根据美国国家海洋和大气管理局(National Oceanic and Atmospheric Administration,NOAA)的 2020 年度气候报告,自 1880 年以来,陆地和海洋温度以平均每十年 0.08 ℃ 的速度上升,然而,自 1981 年以来的平均增长率(每十年 0.18 ℃)是该速度的 2 倍多(NOAA,2021)。全球变暖反过来推动了气候的剧烈变化,造成许多不利的气候变化,伴随而来的是干旱和热浪的频率和强度的增加,以及高温、洪水、盐度和冰冻胁迫等(Zandalinas et al.,2021)。二氧化碳被认为是全球变暖的控制因素(Zhang and Cheng,2009)。换句话说,如果二氧化碳的浓度没有增加,全球变暖就不会发生(Soytas et al.,2007;de Larminat,2016)。科学家声称,大气中二氧化碳含量增加一倍或减半,会导致地球表面平均温度的变化分别增加+3.8 ℃ 或 -3.6 ℃(Al-Ghussain,2019)。2019 年 12 月开始的新型冠状病毒肺炎(COVID-19)在全球大多数国家造成了前所未有的影响,并继续威胁着全球人类的生命。COVID-19 和严格的封锁措施对人类健康和国民经济产生了不利影响。与此同时,这些封锁措施在改善空气质量、水质、臭氧层,以及减少温室气体排放方面发挥了关键作用,全球二氧化碳排放量有了短暂下降(Rumeand Islam,2020)。但是,由于全球经济活动有望慢慢恢复到非 COVID-19 状态,因此从长远来看,新型冠状病毒肺炎期间碳排放的减少将不可持续(Ray et al.,2022)。为了生态环境的可持续性地发展,有关当局必须做出重大努力,改变全球交通、气候和环境政策,从而助力碳减排。

世界航空运输量正处于稳定增长的状态,使航空运输部门成为增长最快的运输部门之一(ATAG,2014)。根据 Kelly 和 Allan(2006)的预测,航空公司在

2000年至2050年,二氧化碳排放量可能会增加3倍以上。国际民航组织(2009)预测,到2050年,航空排放量可能比2005年进一步增长300%~700%。此外,根据波音公司的数据,尽管存在不确定性,但全球客运量的增长趋势将在未来20年内持续下去(Boeing,2013)。随着航空运输活动的迅速增长,因此,在能源消耗方面,日益增加的环境影响成为一个紧迫的问题(Kousoulidou and Lonza,2016)。飞机发动机的排放通过各种机制影响大气的辐射平衡,从而影响气候系统(Dessens et al.,2014),这些包括直接排放温室气体二氧化碳(Sausen et al.,2005;Benito et al.,2010)。航空运输部门客运量增长的好处将是有代价的,最明显的是航空温室气体排放量的显着增加(Kurniawan and Khardi,2011)。总的来说,二氧化碳被认为是飞机排放的最主要的温室气体,航空运输碳减排刻不容缓。世界各地的航空业一直处于减少碳排放的最前沿。例如,欧盟委员会于2012年启动了欧盟排放交易体系(EU-ETS),这是第一个监管商业航空碳排放并使之商品化的平台。该计划规定了在欧洲经济区进行的航班起飞和降落的碳排放。EU-ETS为每家运营航空公司分配免费碳配额。当实际排放量超过分配到的碳配额时,航空公司将不得不从受欧洲管制的碳分配市场获得碳排放配额(European Commission,2003)。此外,国际民用航空组织(ICAO)决定在2021年后启动国际航空碳抵消和减排计划(CORSIA),以防止国际航空的二氧化碳排放量超过2020年的排放水平(Chao et al.,2019)。

全球气候变化问题使减少碳排放成为人们关注的焦点。在过去的三十年中,许多国家和地区制定了直接或间接应对气候变化的政策和措施(Schmidt and Fleig,2018)。碳交易机制、碳补贴机制与碳税机制是近年来世界各国和各行业碳减排中非常重要的环境机制(Nie et al.,2018;Chen et al.,2020)。Dales(1968)最初提出了"排放权交易"的概念,碳排放权交易正在成为应对气候变化的关键政策。由于碳排放权交易直接影响环境质量,因此被许多国家广泛采用。自2005年以来,欧盟排放交易体系(EU-ETS)通过27个欧盟成员国实施强制性的"限额与交易"制度来限制碳排放并取得较好的结果(Anouliès,2017)。碳税是庇古税的重要应用,是一种专门处理碳基燃料消耗的消费税(Zhang and Baranzini,2004)。欧洲的一些国家,如荷兰、瑞典、芬兰和挪威等,多年来一直实行碳税机制(Baranzini et al.,2000)。许多学者认为,碳税机制对减少温室气体排放具有直接影响,并且具有成本优势(Lin and Xie,2016;Nie et al.,2020;Liu et al.,2021)。碳补贴政策往往是作为碳交易和碳税的补充政策来实行的,是政府用来遏制碳排放的重要政策工具之一,有利于低碳技术和低碳产品的发展(Zhou,2020)。这三种碳定价政策的实施减缓了过量的二氧化碳排放对气候的不利影响，对全球碳中和目标具有重要意义（Mallapaty，2020；Chen et al.，2020）。

6.2 国内外研究现状

目前，与碳交易机制分析有关的文献很多，这种机制在学术界和工业界引起了相当大的关注，被认为是可以同时减少污染物排放和以可持续方式保持能源消耗的最有效方法之一（Wu et al.，2016）。许多研究证明，与简单的奖惩机制相比，碳交易制度通过引入市场机制，实施效果更加明显，具有显著节约公共资源等诸多优势（Johansson，2006；Cooper，2007）。Nishida 和 Hua（2011）审查了东京城市碳交易机制的适应性和有效性，以及采用这一机制的关键政策和战略组成部分，认为鉴于现有城市建筑碳排放量不断增加的重大影响，城市碳交易机制在地方治理层面可能是一项有价值的行动，基于这些经验教训，其他城市可以将这种城市碳交易计划视为可行的政策工具。Tang 和 Wu（2013）建立了跨区域可计算的一般均衡模型来模拟碳交易政策在国家和区域层面的经济产出和社会福利影响，结果表明，在碳交易机制下，碳排放额度的分配可能会影响区域收入，从而影响区域福利。Park 等（2015）从希望最大化社会福利的中央决策者的角度分析碳排放成本如何影响社会福利，结果表明，当垄断零售商的利润较低或竞争激烈时，适当地施加碳排放成本可以显着改善社会福利。Du 等（2016）研究了碳足迹和低碳偏好对碳限额与碳交易机制监管下制造商生产战略的影响，认为公司的减排决策取决于排放许可证的效益和消费者低碳偏好带来的附加值。Wu 等（2016）通过应用双区域可计算的一般均衡模型来研究评估了上海碳交易体系政策的经济影响，模拟分析表明，在碳交易的情况下，航空运输部门将是最大的买家，而钢铁和电力部门将是最大的卖家，并且碳交易机制还可以减少对所有行业整体产出和就业的不利影响。Li 等（2018）应用博弈论模型来分析制造商在可持续能源消耗和低碳生产方面的运营决策将如何随着政府碳交易政策的变化而变化。结果表明，基于碳交易政策的推广，提高消费者的低碳偏好水平，是实现社会福利总量最大化的重要因素。Liu 等（2021）构建了一个由某制造商和某零售商组成的分析框架，探讨碳交易机制下减排模式的最优选择，并且探讨了三种减排模式对环境、消费者剩余和社会福利的影响。结果表明，联合减排模式下产生的消费者剩余和社会福利最高，碳价可以有效调节企业的减排水平。Sun 和 Yang（2021）研究了两家寡头制造商的减排策略，认为制造商在提高碳减排的效率时，碳交易政策可以更有效地遏制碳排放，改善社会福利，增强制造商的竞争力。Pan 等（2021）基于双寡头市场绿色技术的实施，采用仿真建模和优化方法对定价行为进行了调查。结果表明,当碳价过低时,制造商倾向于直接从碳交易市场购买碳额度;当碳价过高时,制造商都会通过实施绿色技术来减少碳排放。

碳税是一种基于化石燃料的碳含量或二氧化碳排放量的消费税。能源消耗和二氧化碳排放的快速增长给全世界的能源需求和环境问题带来了巨大的挑战。碳税被认为是一种有效的低碳政策工具,可以有效减少化石燃料的使用并提高能源效率。根据 Pearce(1991)的观点,碳税具有"双重红利"的效果:它不仅可改善环境质量;而且与其他公司税相比可增加就业和投资,使经济更有效率。关于碳税的研究一直是广大学者关注的重点。Nakata 和 Lamont(2001)采用部分均衡模型研究了利用碳税和能源税来减少日本能源系统碳排放的影响,发现实施碳税后碳排放量有了显著降低。Bureau(2011)使用 2003 年到 2006 年的法国面板数据分析了碳税替代情景对汽车燃料的分布效应,认为碳税是减缓交通压力和减少碳排放的有效政策。Di Cosmo 和 Hyland(2013)研究了碳税对爱尔兰能源部门的影响,认为对爱尔兰征收碳税将导致燃料需求增加,从而导致某些行业的二氧化碳排放量比其他行业收缩更多。宏观经济结果显示,虽然碳税对国际收支有积极影响,但是它将导致国民收入、消费、投资和就业的收缩,并导致净移民的增加。Frey(2017)评估了不同碳税水平对乌克兰经济和环境的影响,发现即使是相对较低的碳税也可以显著减少能源的使用和排放,此外,还有证据表明碳税存在强劲的"双重红利"。Liu 等(2018)开发了一个从省份角度的可计算的一般均衡模型并将其应用于萨斯喀彻温省(加拿大),以探索碳税对社会经济体系的影响并支持碳税的应用。研究发现,碳税在减少温室气体排放的同时收缩经济,并且认为清洁煤和石油技术可能是同时实现经济增长和温室气体减排的关键问题。Zhou 等(2018)建立了一个可计算的一般均衡模型来探索交通碳税对交通部门、宏观经济和社会福利的影响。研究表明,适当的碳税率如 50 元/吨,能源需求和碳减排对宏观经济和运输部门的负面影响较小,并且不同运输部门和不同能源类别之间的适当碳税率有着显著区别。Geroe(2019)调查了国际碳税实施经验中碳税的设计,认为通过减少其他税收来抵消碳税,利用碳税收入补偿利益相关者,以及逐步实施可以在满足碳减排的同时降低成本。Jia 和 Lin(2020)通过应用递归动态可计算的一般均衡模型分析了碳税与碳交易之间的差异,认为碳税通过国际和国内贸易直接减少能源生产,间接减少二氧化碳排放,而且从长远来看,碳税机制的减排能力略大于碳交易机制。Khastar 等(2020)分析了碳税对社会福利和减排率的影响。研究结果表明,尽管芬兰的碳税政策在减少二氧化碳排放方面取得了成功,但它对芬兰人的社会福利产生了负面影响。

碳补贴因其有利于促进企业采取碳减排举措、激发企业低碳技术发展而获得青睐。近年来,关于碳补贴的研究也有很多。杨仕辉和谢晓娟(2014)构建了政府碳补贴政策选择与企业碳减排选择的三阶段博弈模型来研究一国已开征碳税后,继续实施碳补贴政策对本国和外国企业产量、利润的影响,研究发现碳补贴政策能够激励企业进行碳减排技术的研发,提高本国的碳减排技术水平,并且实施碳补贴政策能够增加本国企业在共同市场上的市场份额和利润,有利于本国企业的可持续发展。Li 和 Peng(2020)通过动态随机总体均衡框架,探讨了惩罚性碳税和激励性碳减排补贴对经济和环境的影响。结果表明,碳税和碳补贴政策都有助于减少碳排放,改善环境质量;此外,碳减排补贴对经济有积极影响,激励性碳减排政策更有利于经济与环境的协调发展。Han 等(2020)构建一个斯坦克尔伯格博弈模型来研究低碳电子商务供应链中当制造商获得政府碳补贴并具有公平性问题时的决策行为。研究表明,政府碳补贴是供应链运行中的积极因素,可以刺激制造商按预期生产低碳产品,将有助于提高供应链中企业的利润。Wang 和 Wang(2021)构建了低碳背景下由制造商和零售商组成的供应链差异博弈模型分析了不同决策下政府和供应链的反馈均衡策略。研究表明,政府补贴对供应链成员企业的利润分配起到了良好的调节作用。Wan 等(2021)开发了一个进化博弈模型来研究碳交易价格、政府补贴以及消费者支付海洋碳的意愿对参与者在海洋碳交易制度中选择策略的影响,认为政府补贴可以鼓励海洋牧场公司提高其固碳能力,并激励平台合作,如果海洋牧场公司合理地利用政府补贴来固碳,提高其产品的环保性,政府补贴的意愿就会增加。董莉莉和范如国(2021)以政府和企业为主体构建了无监管和有监管两种情形下的演化博弈模型来研究政府低碳补贴的最优监管策略及其最优边界问题,认为当政府发放的高低补贴数额满足一定条件时,最优监管策略可以避免企业作弊行为的发生。

也有很多学者研究了碳交易与碳补贴、碳交易与碳税、碳税与碳补贴混合政策的效果。Galinato 和 Yoder(2010)基于公用事业最优化模型的最大化收入约束税收和补贴计划研究了碳税与碳补贴同时实施的综合政策对碳减排的影响,模拟研究表明,实施综合政策可以增加社会福利,并且在碳减排上的表现更好。Cheng 等(2017)建立了一个两阶段碳交易——碳税混合碳政策的合作决策模型来研究减排目标约束的混合碳政策对供应链价格、生产率、利润、碳减排率等的影响。研究结果表明,在建立和完善碳交易市场的同时应该实施碳税政策,加大对低碳产品的配套和宣传力度,提高消费者意识,扩大低碳产品的市场占有率,实现低碳经济。Wang 和 Han(2020)研究了一个碳交易与碳补贴的双重机制下收购和制造及再制造问题。结果表明，碳交易制度有利于减少碳排放，并且政府应结合实际情况实施最优的碳补贴政策，以实现社会福利最大化。Zhao等(2020)应用动态随机一般均衡模型比较了单一政策(碳税或碳交易)与组合政策的碳减排和经济影响之间的差异，认为碳排放政策对经济有负面影响，与其他两项政策相比，碳交易政策对经济的影响相对较小，并且碳税和碳交易形成的混合政策在价格灵活性和覆盖范围方面都更具有优势。目前，学者研究了双重碳减排机制，如碳交易与碳补贴、碳交易与碳税、碳税与碳补贴等的混合机制的应用，鲜有研究三重定价政策，即碳交易、碳税及碳补贴混合政策同时实施对碳减排的影响。

在航空运输体系中，政府与航空公司是利益相关者，它们之间存在着一定的目标冲突。对航空公司来说，完成政府设定的碳减排目标意味着运输量的下降，从而导致航空公司经济效益的损失。而对于政府来说，既要保证二氧化碳排放量的要求，也要关注航空公司的可持续发展。总的来说，政府的碳减排目标和航空公司发展之间存在着冲突。均衡策略已经被广泛应用于解决此类冲突。在航空运输体系中，政府是政策的制定者，具有主导地位；航空公司的决策受到政府的政策约束，处于从属的地位。因此，政府与航空公司之间存在着"领导者—追随者"的关系，适合应用双层规划模型来解决它们之间的冲突。有许多学者使用双层规划模型来解决现实问题并得到满意结果。Zhou等(2011)提出了一种双层优化方法来设计有效和高效的激励政策，以刺激可再生能源在发电能力规划中的更多投资。研究结果表明，同时征税和激励措施比一次使用一项政策要有效得多。为了在减少碳排放和能源部门利润之间取得平衡，Wei等(2014)提出了一个双层优化模型来模拟政府机构和发电公司之间的斯坦克尔伯格博弈，验证了所提模型的有效性及其在实际应用中的能力。Olsen等(2018)将碳税的优化设置为双层方案，用加权法和二分法研究了能使电力部门的预期排放量降低到规定的、监管定义的目标以下的最低排放税率。Martelli等(2020)建立了一个双层规划模型模拟了在碳税激励政策下政府和运营商的决策过程，并证明了该模型的有效性。

这些研究启发了笔者建立一种基于均衡策略的方法来解决航空运输碳减排与其利润之间的冲突，以确保碳减排目标的实现和航空运输的可持续发展。三重碳定价政策，即碳交易、碳税及碳补贴混合机制下的航空运输决策系统涉及一个多目标双层决策体系。因此，本章研究了三重碳定价政策下的航空运输碳减排问题，提出在碳交易、碳税和碳补贴混合政策框架下，建立一个双层模型来解决控制碳排放与航空公司利润之间的冲突。由于生物燃料在碳减排方面发挥着

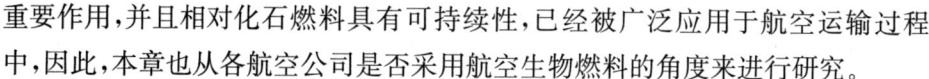

重要作用,并且相对化石燃料具有可持续性,已经被广泛应用于航空运输过程中,因此,本章也从各航空公司是否采用航空生物燃料的角度来进行研究。

6.3 参数说明与模型构建

6.3.1 参数说明

本章用于描述三重碳定价政策的航空运输多主体均衡决策问题的数学符号及其说明见表6.1。

表6.1 数学符号说明

变量	符号	说　　明
指　标	i	航空公司数量,其中 $i \in \Omega = \{1, 2, \cdots, I\}$
	I	航空公司的数量
	$M_T(\text{kg})$	碳排放限额
	$M_F(\text{kg})$	免费的总碳排放额度
	$M_P(\text{kg})$	非免费的总碳排放额度
	$HM(\text{kg})$	按历史碳排放量分配的免费碳配额
	$QM(\text{kg})$	剩余的免费碳配额
	$M_{hi}(\text{kg})$	按历史碳排放量分配给航空公司 i 的免费碳配额
	R_i	航空公司 i 的历史年利润
	$H_i(\text{kg})$	航空公司 i 的历史年碳排放量
	C	实施碳配额分配政策的成本
	$EF_t(\text{kg-co}_2/\text{kg})$	传统航空燃料的碳排放系数
	$EF_b(\text{kg-co}_2/\text{kg})$	生物燃料的碳排放系数
指标	P_b	生物燃料的价格
	P_t	传统航空燃料的价格
	P_c	碳交易市场的碳交易价格
	P_r	碳补贴价格
	P_s	碳税价格
	$m_{ti}(\text{kg})$	航空公司每年的传统航空燃料量
	λ_i	航空公司 i 的历史碳排放量占该行业的百分比
	η	边际政策成本限制
	σ	生物燃料占比上限
	ρ	碳限额水平
	∂	碳补贴总额与碳交易收益的最大比例限制
	θ	碳税价格与碳交易价格的最大比例限制
	α	免费碳配额水平
	β	按历史碳排放量分配的免费碳排放额度水平

续表

变量	符号	说 明
函数	AE_i	航空公司 i 的实际年碳排放量
	TE	所有航空公司总碳排放量
	W_i	航空公司 i 的营业利润
	BSC_i	航空公司 i 的碳交易量
	MTC	实施政策的总边际社会成本
决策变量	$M_{qi}(\text{kg})$	航空公司 i 剩余的免费碳排放额度
	$m_{bi}(\text{kg})$	航空公司 i 购买的生物燃料数量

6.3.2 模型构建

在三重碳定价政策下,政府和航空公司的均衡决策是一个不易解决的问题。在本章中,政府的目标是在保障碳减排目标的情况下,要尽量确保碳排放额度分配的公平性。航空公司的决策受到政府分配决策的约束,它的目标是利润最大化以保障公司的发展。同时,航空生物燃料在航空运输业碳减排中发挥着重要的作用,因此,本章假定航空公司需要购买生物燃料来实现减排目的,政府则需要对碳配额进行合理地分配来保障公平性。总之,在考虑三重碳定价政策的航空运输碳减排问题时,本章从政府和航空公司两个方面建立双层决策模型来缓解它们之间的目标冲突,作出令双方满意的决策。

在建立双层模型前,需要提出以下假设:

(1)这是一个单周期的碳排放额度分配,即在某段时期的开始阶段,政府分配给各航空公司的免费碳排放额度以及投放在碳交易市场中的碳排放额度是确定的。下一个周期,政府可能会根据企业的实际运营情况作出调整,这个假设符合实际情况,是合理的。

(2)为了方便计算,在这个单周期中,假设碳交易市场中碳交易价格是某个确定的值。

(3)航空公司的实际碳排放量与政府分配的免费碳排放额度之间的差异,可通过在碳交易市场上卖出或者买入碳排放额度来填补。这个假设是为了确保碳交易市场存在的合理性。

(4)在不改变执飞计划的前提下,每个航空公司的决策变量为使用多少生物燃料,即航空公司在本期内的实际碳排放量为上期历史碳排放量减去因采用生物燃料而减少的碳排放量。此假设简化了实际情况,在航空公司满足客户需求的前提下,把问题聚焦在生物燃料的使用情况上。

(5)政府和航空公司都是理性的决策者,可以充分理解各自的目标和所受到的约束。该假设说明各方决策者了解所有信息,可以有效进行权衡。

针对碳交易、碳税和碳补贴混合政策下的航空运输碳减排问题,该模型提出了政府对碳排放额度分配决策以及航空公司对生物燃料使用量决策。政府和航空公司分别有各自的目标函数与资源约束条件,构成了碳交易与碳税机制下的多目标双层模型。

航空公司的决策计划:航空公司在政府分配碳排放额度的限制下能做的决策行为是购买多少生物燃料来实现公司最大的经济效益。

经济效益:第 i 家公司的利润为历史年利润(R_i)减去燃料成本$[m_{bi}P_b + P_t(m_{ti}-m_{bi})]$,再减去公司用于碳交易市场上的交易成本($P_c BSC_i$)和公司付出的碳税成本($P_s AE_i$),最后加上政府发放给航空公司的碳补贴($P_r m_{bi}(EF_t - EF_b)$)。所以,航空公司 i 的利润最大化可表示为:

$$\max W_i = R_i - m_{bi}P_b - P_c BSC_i - P_t(m_{ti}-m_{bi}) - P_s AE_i + P_r m_{bi}(EF_t - EF_b) \tag{6.1}$$

生物燃料配比限制:目前,由于技术限制,生物燃料与传统燃料之间的混合存在一定的比例限制,表示如下:

$$0 \leqslant m_{bi} \leqslant \delta m_{ti}, \forall i \in \Omega \tag{6.2}$$

碳交易限制:航空公司可根据实际碳排放量来确定在碳交易市场购买或出售的碳排放额度量,下列等式给出了航空公司可以在市场交易的碳排放额度:

$$BSC_i = BSC_i^+ - BSC_i^-, \forall i \in \Omega \tag{6.3}$$

$$BSC_i = AE_i - M_{hi} - M_{qi}, \forall i \in \Omega \tag{6.4}$$

$$BSC_i^+ \geqslant 0, BSC_i^- \geqslant 0, \forall i \in \Omega \tag{6.5}$$

航空公司的净买入碳排放额度不能超过政府分配的非免费总碳排放额度:

$$\sum_{i \in \Omega}(BSC_i^+ - BSC_i^-) \leqslant M_P \tag{6.6}$$

对于航空公司 i 来说,只能在碳交易市场中选择卖出或买入碳排放额度,不能同时进行,其等式表示如下:

$$BSC_i^+ \cdot BSC_i^- = 0, \forall i \in \Omega \tag{6.7}$$

政府的碳排放配额分配:作为碳配额分配的政策制定者,政府首先制定战略,以实现环境基尼系数最小化和航空公司的总年度实际碳排放量最小化的目标。

环境基尼系数:参考第 3 章关于环境基尼系数的描述。环境基尼系数最小化是政府的目标之一,体现了政府分配碳排放额度时的公平性原则。因为政府征收碳税和发放碳补贴使得航空公司的年实际利润 W_i 发生改变,所以环境基尼系数也跟着发生变化。其表示如下:

$$\min EGC = \sum_{i \in \Omega} \sum_{j \in \Omega} \frac{1}{2(I-1)\sum_{i \in \Omega} \frac{AE_i}{W_i}} \left| \frac{AE_i}{W_i} - \frac{AE_j}{W_j} \right| \quad (6.8)$$

式中，$\frac{AE_i}{W_i}$ 是航空公司 i 每单位营业利润的实际碳排放量，也可以表示为：

$$\frac{AE_i}{W_i} = \frac{H_i - m_{bi}(EF_t - EF_b)}{R_i - m_{bi}P_b - P_c[H_i - m_{bi}(EF_t - EF_b) - HM_i - QM_i] - P_t(m_{ti} - m_{bi}) - P_s[H_i - m_{bi}(EF_t - EF_b)] + P_r m_{bi}(EF_t - EF_b)}$$

航空公司的实际碳排放量：参考第 3 章关于航空公司实际碳排放量的描述。政府为了减少航空运输业的碳排放，需要将总碳排放量最小化作为目标之一。其表示如下：

$$\min TE = \min \sum_{i \in \Omega} AE_i = \sum_{i \in \Omega} [H_i - m_{bi}(EF_t - EF_b)] \quad (6.9)$$

政府的分配约束：参考第 3 章政府对碳排放额度分配约束的描述。其表示如下：

$$M_T = \rho \sum_{i \in \Omega} H_i \quad (6.10)$$

$$M_T = M_F + M_P \quad (6.11)$$

$$M_F \geqslant \alpha M_T \quad (6.12)$$

$$M_F = HM + QM \quad (6.13)$$

$$HM \geqslant \beta M_F \quad (6.14)$$

$$M_{hi} = \lambda_i HM, i \in \Omega \quad (6.15)$$

$$QM = \sum_{i \in \Omega} M_{qi} \quad (6.16)$$

碳税价格限制：对于政府来说，制定的碳税价格与碳交易市场上的碳交易价格之间存在一定的比例限制。其表示如下：

$$0 \leqslant P_s \leqslant \theta P_c \quad (6.17)$$

碳补贴限制：对于政府来说，发放的碳补贴总额与碳交易市场上的碳交易收益之间存在一定的比例限制。其表示如下：

$$\sum_{i \in \Omega} P_r m_{bi}(EF_t - EF_b) \leqslant \partial P_c \sum_{i \in \Omega} |BSC_i| \quad (6.18)$$

边际碳排放成本限制：政府征收碳税也导致边际碳排放成本 MTC 的变化。其表示如下：

$$MTC \leqslant \eta \quad (6.19)$$

式中，边际碳排放成本 MTC 可以表示为：

$$MTC = \frac{C + \sum_{i \in \Omega} \{m_{bi}(P_b - P_t) + P_c[H_i - m_{bi}(EF_t - EF_b) - HM_i - QM_i] - P_t m_{bi}(EF_t - EF_b) + P_s[H_i - m_{bi}(EF_t - EF_b)]\}}{\sum_{i \in \Omega} [m_{bi}(EF_t - EF_b)]}$$

整体模型：为了控制航空公司的碳排放量并且尽量保障航空公司的利润，本章提出建立双层模型来解决各主体间的目标冲突。首先,在第一层模型中,政府要尽量保障碳排放额度分配的公平性,即环境基尼系数最小化[即式(6.8)]。其次,为了保护环境,政府需要降低总的碳排放额度[即式(6.9)]。同时,政府的碳排放额度分配受到一些约束[即式(6.10)~(6.19)]。第二层模型中,航空公司的目标是年利润的最大化[即式(6.1)]。此外,航空公司的决策变量为购买多少生物燃料,燃料的混合配比也受到限制[即式(6.2)]。最后,航空公司的碳交易也受到一定的限制[即式(6.3)~(6.7)]。基于以上的分析,我们可以利用双层模型来解决政府与航空公司的之间的目标冲突,因此,我们可以用式(6.20)描述整个问题。

$$\min EGC = \sum_{i\in\Omega}\sum_{j\in\Omega}\frac{1}{2(I-1)\sum_{i\in\Omega}\frac{AE_i}{W_i}}\left|\frac{AE_i}{W_i}-\frac{AE_j}{W_j}\right|$$

$$\min TE = \min\sum_{i\in\Omega}AE_i = \sum_{i\in\Omega}[H_i - m_{bi}(EF_t - EF_b)]$$

$$\text{s.t.}\begin{cases}M_T = \rho\sum_{i\in\Omega}H_i \\ M_T = M_F + M_P \\ M_F \geqslant \alpha M_T \\ M_F = HM + QM \\ HM \geqslant \beta M_F \\ M_{hi} = \lambda_i HM, i\in\Omega \\ QM = \sum_{i\in\Omega}M_{qi} \\ 0 \leqslant P_s \leqslant \theta P_c \\ \sum_{i\in\Omega}P_r m_{bi}(EF_t - EF_b) \leqslant \partial P_c\sum_{i\in\Omega}|BSC_i| \\ MTC \leqslant \eta \\ \max W_i = R_i - m_{bi}P_b - P_c BSC_i - P_t(m_{ti}-m_{bi}) + P_r m_{bi}(EF_t - EF_b) - P_s AE_i \\ \text{s.t.}\begin{cases}0 \leqslant m_{bi} \leqslant \delta m_{ti}, \forall i\in\Omega \\ BSC_i = BSC_i^+ - BSC_i^-, \forall i\in\Omega \\ BSC_i = AE_i - M_{hi} - M_{qi}, \forall i\in\Omega \\ BSC_i^+ \geqslant 0, BSC_i^- \geqslant 0, \forall i\in\Omega \\ \sum_{i\in\Omega}(BSC_i^+ - BSC_i^-) \leqslant M_P \\ BSC_i^+ \cdot BSC_i^- = 0, \forall i\in\Omega\end{cases}\end{cases} \quad (6.20)$$

模型转换:我们运用 KKT 方法将双层规划转化为简单的单层规划,关于 KKT 方法的描述参考第 3 章的内容。

首先,下层模型的拉格朗日方程构造如下:

$$L = R_i - m_{bi}P_b - P_c[H_i - m_{bi}(EF_t - EF_b) - HM_i - QM_i] -$$
$$P_t(m_{ti} - m_{bi}) - P_sAE_i + P_rm_{bi}(EF_t - EF_b) + u_i(m_{bi} - \delta m_{ti}) +$$
$$v\sum_{i \in \Omega}\{[H_i - m_{bi}(EF_t - EF_b) - HM_i - QM_i] - M_P\} + \omega_i(-m_{bi}) -$$
$$P_b + P_c(EF_t - EF_b) + P_t + P_s(EF_t - EF_b) + P_r(EF_t - EF_b) +$$
$$u_i - v(EF_t - EF_b) - \omega_i$$
$$= 0 \tag{6.21}$$

其次,根据构造的拉格朗日方程和下层模型 KKT 条件的互补松弛条件,可以将下层模型转换为上层模型的附加约束,表示如下:

$$u_i(m_{bi} - \delta m_{ti}) = 0 \tag{6.22}$$

$$v\sum_{i \in \Omega}\{[H_i - m_{bi}(EF_t - EF_b) - HM_i - QM_i] - M_P\} = 0 \tag{6.23}$$

$$\omega_i(-m_{bi}) = 0 \tag{6.24}$$

$$u_i, \omega_i, v \geqslant 0 \tag{6.25}$$

最后,转化后的模型如下:

$$\min EGC = \sum_{i \in \Omega}\sum_{j \in \Omega}\frac{1}{2(I-1)\sum_{i \in \Omega}\frac{H_i - m_{bi}(EF_t - EF_b)}{R_i - m_{bi}P_b - P_c[H_i - m_{bi}(EF_t - EF_b) - HM_i - QM_i] - P_t(m_{ti} - m_{bi}) - P_s[H_i - m_{bi}(EF_t - EF_b)] + P_rm_{bi}(EF_t - EF_b)}} \cdot \left|\frac{AE_i}{W_i} - \frac{AE_j}{W_j}\right|$$

$$\min TE = \sum_{i \in \Omega}AE_i = \sum_{i \in \Omega}[H_i - m_{bi}(EF_t - EF_b)]$$

$$\text{s.t.} \begin{cases} M_T = \rho \sum_{i \in \Omega} H_i \\ M_T = M_F + M_P \\ M_F \geqslant \alpha M_T \\ M_F = HM + QM \\ HM \geqslant \beta M_F \\ HM_i = \lambda_i HM, i \in \Omega \\ QM = \sum_{i \in \Omega} M_{qi} \\ 0 \leqslant P_s \leqslant \theta P_c \\ \sum_{i \in \Omega} P_r m_{bi}(EF_t - EF_b) \leqslant \partial P_c \sum_{i \in \Omega} |BSC_i| \\ \dfrac{C + \sum_{i \in \Omega} \{m_{bi}(P_b - P_t) + P_c[H_i - m_{bi}(EF_t - EF_b)_i - HM_i - QM_i] - P_r m_{bi}(EF_t - EF_b) + P_s[H_i - m_{bi}(EF_t - EF_b)]\}}{\sum_{i \in \Omega}[m_{bi}(EF_t - EF_b)]} \leqslant \eta \\ -P_b + P_c(EF_t - EF_b) + P_r(P_r + P_s)(EF_t - EF_b) + u_i - v(EF_t - EF_b) - \omega_i = 0 \\ m_{bi} \leqslant \delta m_{ti} \\ \sum_{i \in \Omega}(H_i - m_{bi}(EF_t - EF_b) - HM_i - QM_i) \leqslant M_P \\ m_{bi} \geqslant 0 \\ u_i(m_{bi} - \delta m_{ti}) = 0 \\ v \sum_{i \in \Omega} \{[H_i - m_{bi}(EF_t - EF_b) - HM_i - QM_i] - M_P\} = 0 \\ \omega_i(-m_{bi}) = 0 \\ u_i, \omega_i, v \geqslant 0 \end{cases}$$

(6.26)

多目标处理:为了简化整体模型[即式(6.26)]的计算,这里引入一种加权求和方法来处理政府的多个目标[即式(6.8)和式(6.9)]。关于多目标处理的具体做法参考第3章的内容。

6.4 算例分析

6.4.1 相关数据

本节通过一个算例来展示所提出的优化方法在分配碳排放额度和选择合适的生物燃料使用量中的效果。模型相关的数据见表6.2和表6.3。

表6.2 航空公司相关参数值

参 数	航空公司1	航空公司2
历史年利润 R_i(元)	23 382 000 000.00	5 601 000 000.00
历史年碳排放量 H_i(吨)	4 679 000.00	784 579.00
年使用航空燃料量 m_{ti}(吨)	1 485 396.83	249 072.70
历史碳排放量的百分比 λ_i	86%	14%

表 6.3 模型中使用的其他参数值

参　数	数　值
传统航空燃料的碳排放系数 EF_t(吨)	3.15
生物燃料的碳排放系数 EF_b(吨)	0.35
传统航空燃料价格 P_t(元/吨)	5 566
生物燃料价格 P_b(元/吨)	10 000
碳交易价格 P_c(元/吨)	30.82
边际政策成本限制 η(元/吨)	2 919
生物燃料占比上限 δ	0.5
碳税比例上限 θ	10
碳补贴比例上限 ∂	1.2
免费碳配额水平 α	0.5
按历史碳排放量分配的免费碳排放额度水平 β	0.5
实施政策的成本 C(元)	5 000 000
碳排放限额 M_T(吨)	5 190 400

6.4.2　结论和分析

本章将均衡策略与碳交易机制、碳补贴机制和碳税机制结合,设计一个多目标双层模型,以帮助政府做出碳排放额度分配决策和航空公司购买生物燃料使用量做出决策。当碳排放限额 $M_T=5\ 190\ 400$ 吨(碳限额水平 $\rho=95\%$)时,经计算,政府的分配政策和航空公司的应对策略见表 6.4 和表 6.5。

表 6.4　政府的分配政策

参　数	航空公司 1	航空公司 2
免费的总碳排放额度(吨)	2 800 524	
非免费的总碳排放额度(吨)	2 389 876	
按历史碳排放量分配的免费碳配额(吨)	1 199 182	201 080
分配的其余碳额度(吨)	1 400 262	0
分配到的总碳额度(吨)	2 599 444	201 080
碳税价格(元)	0	
碳补贴价格(元)	3.58	

表6.5 航空公司的应对策略

参　数	航空公司1	航空公司2
购买的生物燃料量(吨)	742 698.4	124 536.4
碳交易量(吨)	0	234 797
实际年碳排放量(吨)	2 599 444	435 877
历史年碳排放量(吨)	4 679 000	784 579
碳减排量(吨)	2 079 556	348 702
碳减排总量(吨)	2 428 258	
实际利润(万元)	1 596 234	434 968
历史利润(万元)	2 338 200	560 100
利润减少额(万元)	741 966	125 132
利润减少总额(万元)	867 098	

由表6.4与表6.5可知,当碳排放限额M_T=5 190 400吨时,政府的分配政策为向航空公司免费分配碳排放额度2 800 524吨,同时把剩余的2 389 876吨碳排放额度投放到碳交易市场。具体来说,航空公司1按历史碳排放量分配到的碳排放额度为1 199 182吨,分配到的其余碳排放额度为1 400 262吨;航空公司2按历史碳排放量分配到的碳排放额度为201 080吨,分配到的其余碳排放额度为0吨,因为航空公司2所分配到的碳排放额度不足以满足其实际所需要的碳排放额度,所以航空公司2还需要到碳交易市场上购买234 797吨碳排放额度。同时,政府应设定碳补贴价格为3.58元/吨,并且碳税价格为0元,即在此情况下,政府将不征收碳税。对航空公司来说,航空公司1应购买生物燃料742 698.4吨,航空公司2应购买生物燃料124 536.4吨。相应地,两家航空公司的实际碳排放量都有了明显的下降。航空公司1的碳排放量下降了约44.4%,下降至2 599 444吨;航空公司2的碳排放量也下降了约44.4%,下降至435 877吨;两家航空公司碳排放减少总量为2 428 258吨,总碳排放量减少了约44.4%。此外,在航空公司的经济效益方面,航空公司1公司实际利润下降至1 596 234万元,利润减少了约31.7%;航空公司2实际利润下降至434 968万元,利润减少了约22.3%,利润总额下降了约29.9%。从图6.1和图6.2可以看出,航空公司1和航空公司2的总碳排放量减少了将近一半,减排效果十分显著。但与此同时,航空公司的利润也受到了损失。

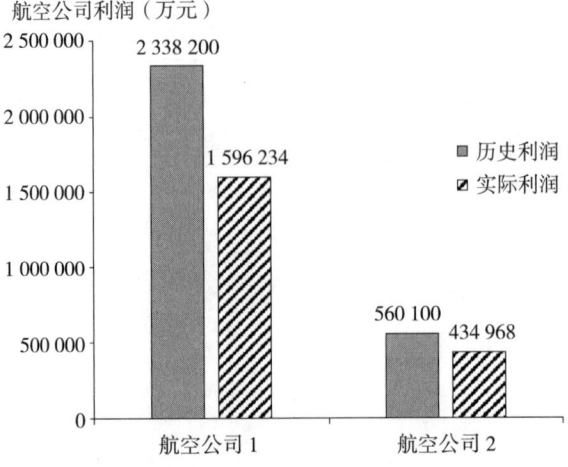

图 6.1　航空公司利润对比

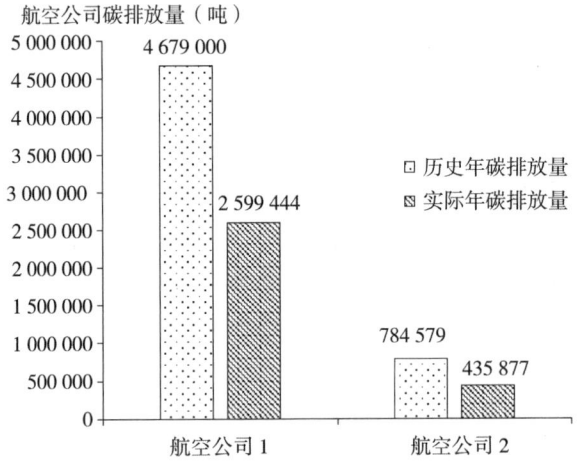

图 6.2　航空公司碳排放量对比

以上分析都是在碳限额水平 $\rho=95\%$ 的条件下得出的，下面我们讨论碳限额水平 $\rho=93\%$、94%、95%、96%、97% 的情况下，政府的分配政策和模型给出的不同方案的减排效果以及航空公司的利润情况等。

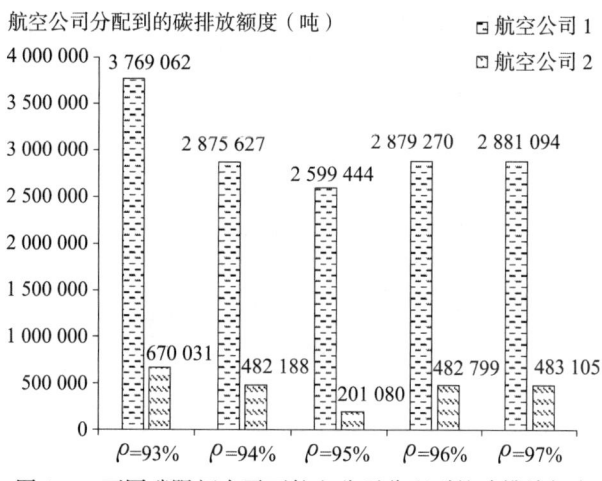

图 6.3 不同碳限额水平下航空公司分配到的碳排放额度

由图 6.3 可知,当碳限额水平 ρ 从 93% 提高到 97%,航空公司 1 和航空公司 2 分配到的碳排放额度先增加后减少,并且当碳限额水平 $\rho=95\%$ 时,两家航空公司所分配到的碳排放额度均为最少的,为航空公司 1 分配到 2 599 444 吨,航空公司 2 分配到 201 080 吨;当碳限额水平 $\rho=93\%$ 时,两家航空公司分配到的碳排放额度最多,分别为航空公司 1 分配到 3 769 062 吨,航空公司 2 分配到 670 031 吨。同时,由图 6.4~图 6.6 可知,不同碳限额水平下航空公司的碳排放量、利润以及购买生物燃料量的情况。总的来说,碳限额水平 ρ 从 93% 增加到 97%,航空公司 1 和航空公司 2 的碳排放量呈现出先下降后上升的趋势,并且当 $\rho=95\%$ 和 $\rho=96\%$ 时,航空公司 1 和航空公司 2 的碳排放量最少,即航空公司 1 排放 2 599 444 吨,航空公司 2 排放 435 877 吨。在经济效益方面,我们也可以看出,当 $\rho=95\%$ 和 $\rho=96\%$ 时,两家航空公司的利润最少,分别为航空公司 1 利润 1 596 000 万元,航空公司 2 利润 435 000 万元;此外,当 $\rho=93\%$ 时,航空公司 1 利润最高,为 1 897 000 万元,当 $\rho=94\%$ 和 97% 时,航空公司 2 利润最高,为 535 000 万元。与此同时,对航空公司 1 来说,碳限额水平 ρ 从 93% 增加到 97%,购买的生物燃料量先增加后减少,并且在 $\rho=95\%$ 和 $\rho=96\%$ 时,购买的生物燃料量最多,为 752 698 吨;而对航空公司 2 来说,当 $\rho=94\%$ 和 $\rho=97\%$ 时,模型给出的结果为不购买生物燃料;当 $\rho=93\%$ 时,购买生物燃料 40 910 吨,当 $\rho=95\%$ 和 $\rho=96\%$ 时,购买生物燃料 124 536 吨。

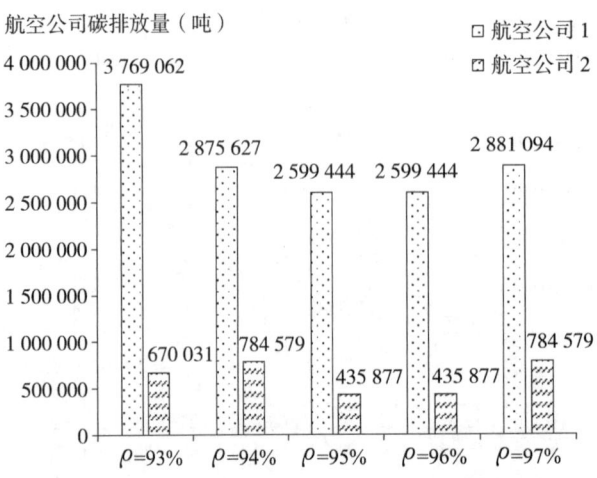

图 6.4 不同碳限额水平下航空公司碳排放量

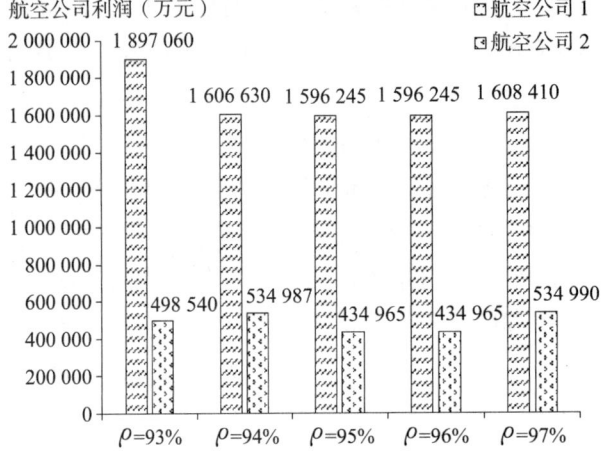

图 6.5 不同碳限额水平下航空公司利润情况

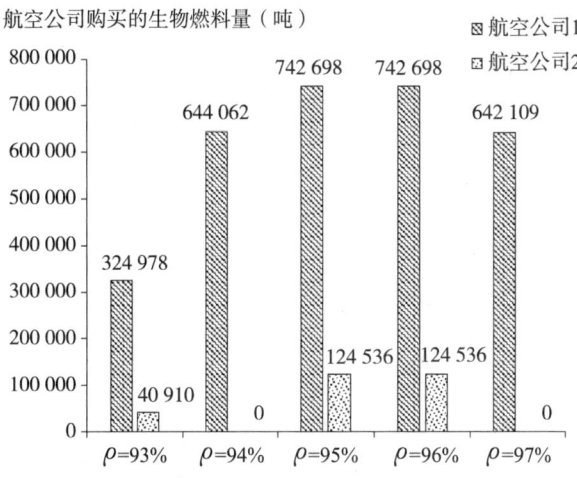

图 6.6 不同碳限额水平下航空公司购买的生物燃料量

对于政府来说,按历史碳排放量分配的免费碳排放额度水平 β 可以适当地提高,下面我们讨论当 $\beta=0.5$、0.6、0.7、0.8 和 0.9 时,政府的分配政策、航空公司购买生物燃料量决策及其所带来的利润情况和碳排放量变化等。

当按历史碳排放量分配的免费碳排放额度水平 β 从 0.5 增加到 0.9 时,根据模型给出的结果,航空公司 1 和航空公司 2 的碳排放量不变,依然为航空公司 1 排放 2 599 444 吨,航空公司 2 排放 435 877 吨,说明按历史碳排放量分配的免费碳排放额度水平 β 的增加并不会影响航空公司的碳排放,减排效果不变。同时,两家航空公司购买的生物燃料量也不变,仍为航空公司 1 购买生物燃料 742 698 吨,航空公司 2 购买生物燃料 124 536 吨,说明按历史碳排放量分配的免费碳排放额度水平 β 的增加并不会影响航空公司购买生物燃料量决策。此外,当 β 从 0.5 增加到 0.9,政府应设定的碳税价格都为 0 元,即政府不对航空公司征收碳税。

与此同时,由图 6.7 可以看出,当 β 从 0.5 增加到 0.9,航空公司 1 分配到的碳排放额度不变,依然为 2 599 444 吨,说明 β 的增加并不会影响航空公司 1 分配到的碳排放额度;而对于航空公司 2 来说,分配到的碳排放额度在不断增加,从 $\beta=0.5$ 时的 201 080 吨增加到 $\beta=0.9$ 时的 385 820 吨,增加了 184 740 吨,增加了约 91.9%。在经济效益方面,由图 6.8 可知,随着 β 的增加,航空公司 1 的利润在不断地减少,从 $\beta=0.5$ 时的 1 596 245 万元减少到 $\beta=0.9$ 时的 1 595 660 万元,减少了 585 万元,减少了约 0.04%;而随着 β 的增加,航空公司 2 的利润却在不断地增加,从 $\beta=0.5$ 时的 434 965 万元增加到 $\beta=0.9$ 时的 435 436 万元,增加了 471 万元,增加了约 0.11%。总的来说,按历史碳排放量分配的免费碳排放额度水平 β 的增加会使得航空公司 1 的利润减少,航空公司 2 的利润增加,但是幅度都很小。

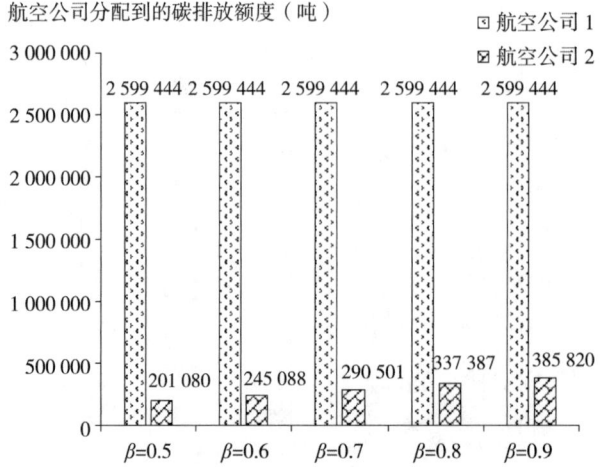

图 6.7 不同免费碳排放额度水平下航空公司分配到的碳排放额度

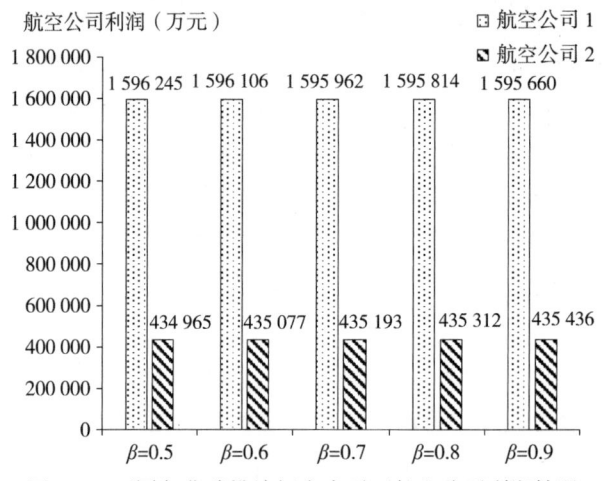

图 6.8 不同免费碳排放额度水平下航空公司利润情况

由于碳交易市场中的碳价格具有波动性,因此,下面我们讨论当碳交易价格 $P_c = 30、50、70、90$ 和 110 元时,政府的分配政策和航空公司的碳排放量和利润情况等。

当碳交易价格 $P_c = 30、50、70、90$ 和 110 元时,根据模型给出的结果,两家航空公司分配到的碳排放额度、排放的二氧化碳量、购买的生物燃料量,以及政府应设定的碳税价格均没有发生变化。具体来说,在分配到的碳排放额度方面,航空公司 1 依然为 2 599 444 吨,航空公司 2 依然为 201 080 吨。在碳排放方面,随着碳交易价格的增加,航空公司 1 仍排放 2 599 444 吨二氧化碳,航空公司 2 排放 435 877 吨。此外,航空公司 1 依然购买生物燃料 742 698 吨,航空公司 2 购买 124 536 吨。同时,政府应设定的碳税价格依然为 0 元,即政府不对航空公司征收碳税。

由图6.9可知,随着碳交易价格的不断地增加,航空公司1的利润在不断地增加,而航空公司2的利润却在不断地减少。具体来说,航空公司1的利润从$P_c=30$时的1 596 245万元增加到$P_c=110$时的1 598 156万元,总共增加了1 911万元,增加了约0.12%;航空公司2的利润从$P_c=30$时的434 965万元减少到$P_c=110$时的433 426万元,总共减少了1 539万元,减少了约0.35%。

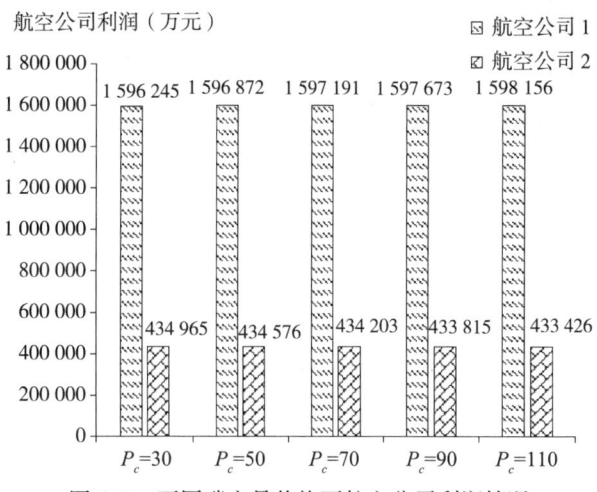

图6.9　不同碳交易价格下航空公司利润情况

对于政府来说,发放给航空公司的碳补贴的价格可以调节,下面我们讨论当碳补贴价格$P_r=1.0$、2.0、3.0、4.0和5.0时,政府的分配政策和航空公司的碳排放量及利润情况变化。

当碳补贴价格$P_r=1.0$、2.0、3.0、4.0和5.0时,根据模型给出的结果,政府的分配政策不变。具体来说,政府分配给航空公司1的碳排放额度依然为2 599 444吨,分配给航空公司2的碳排放额度依然为201 080吨。同时,政府应设定的碳税价格为0元,即政府不对航空公司征收碳税。此外,对于两家航空公司来说,碳补贴价格的增加并不会影响航空公司的碳排放量,即航空公司1依然排放2 599 444吨二氧化碳,航空公司2排放435 877吨。同时,碳补贴价格的增加也不会影响到航空公司购买生物燃料的决策,航空公司1依然购买生物燃料742 698吨,航空公司2购买生物燃料124 536吨。在经济效益方面,由图6.10可知,随着碳补贴价格的增加,两家航空公司的年利润也在不断地增加。航空公司1的利润从1 595 710万元增加到1 596 256万元,增加了546万元,增加了约0.03%;航空公司2的利润从434 894万元增加到435 012吨,增加了118万元,增加了约0.03%。对于航空公司来说,虽然碳补贴价格的增加所产生的年利润增加的幅度不大,但对其发展也有一定的益处。

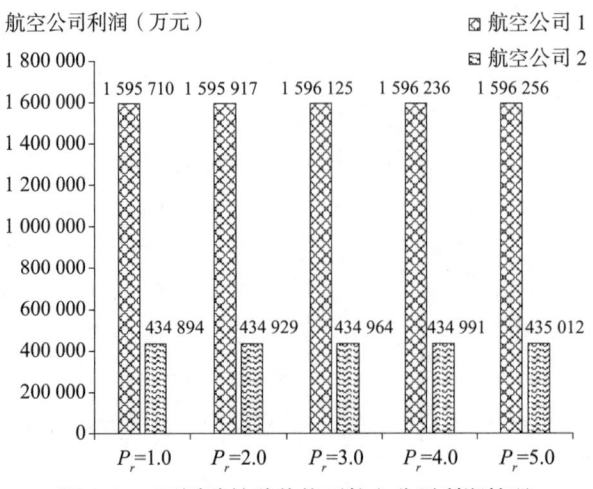

图 6.10　不同碳补贴价格下航空公司利润情况

此外,政府也可以对碳税价格 P_s 进行一定的调节。下面我们讨论当 $P_s=$ 5、10、15、20 和 25 时,政府的分配政策和航空公司的利润情况与碳排放量变化。

当碳税价格 $P_s=$5、10、15、20 和 25 时,政府的分配政策也不变,即分配给航空公司 1 的碳排放额度依然为 2 599 444 吨,分配给航空公司 2 的碳排放额度依然为 201 080 吨。同时,政府应设定的碳补贴价格应为 3.48 元。但是,当碳税价格增加时,航空公司的碳排放量不变,即航空公司 1 依然排放 2 599 444 吨二氧化碳,航空公司 2 排放 435 877 吨二氧化碳。而且,碳税价格的增加也不会影响到航空公司购买生物燃料量,航空公司 1 依然购买生物燃料 742 698 吨,航空公司 2 购买生物燃料 124 536 吨。在经济效益方面,由图 6.11 可知,随着碳税价格的增加,两家航空公司的年利润不断地减少。航空公司 1 的利润从 1 594 926 万元减少到 1 589 727 万元,减少了 5 199 万元,减少了约 0.33%;航空公司 2 的利润从 434 763 万元减少到 433 891 万元,减少了 872 万元,减少了约 0.20%。

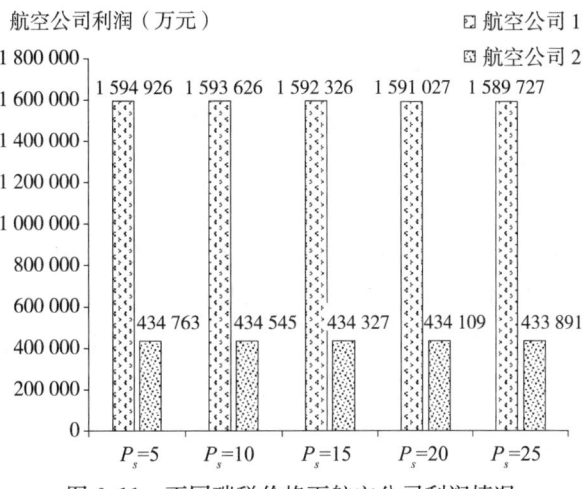

图 6.11　不同碳税价格下航空公司利润情况

6.4.3　讨论

在以上分析和讨论的基础上，本章提出的优化方法可以有效地解决航空公司碳减排与航空公司利润之间的目标冲突，对此我们提出了一些政策建议。目前，温室效应引起的气候问题越来越多地威胁到人们的日常生活，造成很多不利的影响，航空公司碳减排问题越来越多地受到人们的关注。首先，为了保护生态环境、缓解温室效应，政府应该在航空运输系统中建立一个由碳交易机制、碳补贴机制和碳税机制混合的三重碳定价分配机制。使用此三重定价模型，政府可以在约束航空公司碳排放的同时，促进航空公司开展低碳运营。然而，虽然航空公司碳排放量减少了，但是公司利润也受到了很大的损失，这由图 6.1 和图 6.2 便可得知。因此，对于政府来说，不仅要关注航空公司的碳排放削减，也应该关注航空公司的可持续发展。由图 6.4 和图 6.5 可知，当政府设定碳限额水平为 95% 和 96% 时，航空公司排放的二氧化碳量最少，这对环境保护最有力，但与此同时，两家航空公司的利润也是最少的，所以，政府应设定适当的碳限额水平，在满足碳减排目标情况下尽量保障航空公司的利润。其次，对于政府来说，在满足碳减排目标的情况下设定适当的按历史碳排放量分配的免费碳排放额度水平和碳交易价格，因为对两家航空公司来说，免费碳排放额度水平和碳交易价格的增加或减少都各有利弊。最后，政府可以考虑提高碳补贴价格并且降低碳税价格，由图 6.10 和图 6.11 可知，这样做不仅可以达到碳减排效果，也能提高航空公司的利润，促进其可持续发展。

6.5 结论与启示

由于航空运输在世界贸易中的作用越来越大，航空运输需求的不断增加，使得航空业产生的二氧化碳量越来越大，航空运输碳排放削减刻不容缓，因此应制定更有效的政策来减少碳排放。碳交易机制、碳补贴机制与碳税机制都是目前世界上被广泛使用的环境保护机制。在三重定价政策下的航空运输碳排放分配问题中，政府和航空公司间存在着目标冲突，如政府的碳减排目标和航空公司的利润目标之间的冲突。为了解决这些冲突，提出了一个多目标双层均衡模型来帮助政府对碳排放额度做出分配决策，帮助航空公司对生物燃料使用量做出购买决策。同时，本章所提出的均衡模型主要描述了政府与航空公司之间的相互制约与合作关系，可以帮助它们根据对方策略的改变来调整各自的策略以实现均衡。与传统分配模型相比，这个模型考虑了一个基于碳交易机制、碳补贴机制和碳税机制混合的三重定价机制。然后，运用KKT方法和多目标处理方法来寻找该双层模型的满意解。

本章以某行政区域所辖航空公司为算例来检验该方法的实用性和有效性。结果表明，首先，考虑三重定价政策的混合机制对航空业的碳减排有利，是低碳航空运输管理中非常重要的一部分。因此，政府向市场分配适当的碳排放份额将有利于实现碳减排目标。其次，政府设定的适当的碳限额水平有利于在实现碳减排目标的同时尽量保障航空公司的利润。同时，政府在一定范围内设定合适的按历史碳排放量分配的免费碳配额水平和碳交易价格可以调节航空公司的利润。最后，政府在合理的范围内可以适当提高碳补贴价格并且降低碳税价格，以达到二氧化碳减排目标的同时增加航空公司的利润，促进航空业的低碳发展。

第7章 总结与展望

碳交易市场下的航空运输多主体均衡决策问题是一项重要的减排工作,其主要包括碳定价政策制定与航空运输碳减排策略优化两个相互冲突的部分,对气候变化、环境保护、航空运输市场乃至生物燃油使用推广等都有着极大的影响。合适的政策制定对国家或地区的经济、社会和环境等方面都十分重要,具体而言,政府通过制定合适的航空碳定价政策以实现碳排放削减并在一定程度上保证航空运输业的发展。航空运输管理是航空公司基于政府选定的航空碳定价政策制定自身碳减排策略。有效的低碳航空运输管理可以顺利地实现碳排放削减目标并平衡多利益相关者间的目标冲突。为实现低碳航空运输的有效优化,以碳定价机制与航空运输碳减排策略基本原则、政策法规及航空运输管理理论为指导,以双层理论、多目标理论、数据挖掘理论及机器学习理论为主要工具,以KKT方法为主要技术,对碳交易市场下的航空运输多主体均衡决策问题展开研究。首先,系统地分析了以碳交易机制为核心的多种碳定价政策下的航空运输多主体均衡决策问题,包括各种碳定价机制下的航空运输碳排放削减;其次,根据对已有文献的回顾,识别出航空运输领域中还需进一步解决的问题;最后,通过分析这些问题,设计了基于不同技术的建模优化方法。这些方法结合了碳交易市场下的航空运输多主体均衡决策问题的层级递归性及多目标性等特点,制定出合理的各层决策者最优利益协调与冲突解决方案,既可以减少航空运输碳排放,又能够在某种程度上保障航空公司的利润,以实现航空运输系统的可持续发展。针对低碳航空运输政策的多种可能性及航空运输系统的多主体间目标冲突的复杂性,建立了仅考虑碳交易市场的航空运输多主体均衡决策模型、考虑碳交易与碳补贴混合政策的航空运输多主体均衡决策模型、考虑碳交易与碳税混合政策的航空运输多主体均衡决策模型以及考虑三重碳定价混合政策的航空运输多主体均衡决策模型,并针对模型特征采用了KKT方法将模型转化为了单层模型以便求解。总的说来,全书围绕碳交易市场下的航空运输多主体均衡决策展开了系统研究。

7.1 总结

本书的主要工作包括系统分析了以碳交易机制为核心的多种碳定价政策下

的航空运输多主体均衡决策问题,以及基于不同碳定价机制提出了相应的建模优化方法,能够为决策者制订决策计划提供合理的参考。这些方法可解决不同碳定价政策下的航空运输管理问题。概括来讲主要工作可分为以下四个部分。

(1)研究了仅考虑碳交易机制的航空运输多主体均衡决策问题。碳交易机制作为迄今为止最为普及的碳排放控制手段之一,已被多个国家和地区应用于航空领域。因此,在该机制下的低碳航空运输管理值得深入研究。在这一规划问题中,基于碳交易政策的目的,政府层面被赋予了减小碳排放总量与保障碳排放额度分配公平性两个目标;而航空公司的目标为利润最大化,因此建构了一个双层多目标均衡模型。在这一部分中,上层是政府的碳排放额度分配模型,其目标为航空公司碳排放总量最小化和关于碳排放额度分配公平性的环境基尼系数最小化;下层为航空公司的生物燃油使用策略优化模型,其目标为公司利润最大化。针对该模型的特点,采用了KKT方法将其转化为了单层优化模型。最终,转化后的仅考虑碳交易机制的航空运输多主体均衡决策模型被应用到具体算例中以说明所提出模型的有效性与科学性,并且做了相应的灵敏度分析与延伸性讨论,探讨了将该方法应用到其他交通领域的可行性。

(2)分析了考虑碳交易与碳补贴混合政策的航空运输多主体均衡决策问题。与碳交易政策相比,碳交易与碳补贴混合政策结合了碳补贴的原理,但又与碳补贴政策有着不同之处。碳补贴政策一般是由政府部门从其他资金中抽调出来以进行针对性的补贴来减少碳排放;而碳交易与碳补贴混合政策是以碳交易市场收益作为主要资金来源,减少了财政压力。同时,通过设置一定的碳补贴,可使碳减排积极的航空公司从中获益,而使碳减排极少的航空公司遭受潜在惩罚。这从某种程度上促使航空公司争先恐后地进行碳排放削减。为探索碳交易与碳补贴混合政策在航空运输中的效果,提出了一个基于碳交易与碳补贴混合机制的双层多目标均衡模型。其中,政府作为上层进行碳排放额度分配并设置碳补贴价格,航空公司作为下层选择合适的碳减排策略,各个航空公司的碳补贴金额由碳交易市场收益、政府预先设置的碳减排水平与该航空公司的减排水平共同决定。政府的目标为基于政策公平与碳排放总量所构建的目标函数最小化,而各个航空公司的目标为公司利润最大化。由于该双层多目标均衡模型的下层模型是凸的,采用了KKT方法对模型进行转化以便求解。然后将转化后的碳交易与碳补贴混合政策的航空运输多主体均衡决策模型应用到具体算例中以说明该模型的合理性与有效性,并为解决决策者之间的内在冲突提供了理论方法与参考方案。

(3)讨论了考虑碳交易与碳税混合政策的航空运输多主体均衡决策问题。

碳税机制与碳交易机制相同,也是重要的环境保护政策性机制之一。尽管实施碳税机制的国家或地区较少且很少被实际应用到航空业,但考虑到实施碳税政策的潜在可能性,该政策下的航空运输管理问题也应该被探讨。事实上,欧盟早已提议过对非欧盟成员国飞抵其所属国家的航班收缴碳税且其所属成员国航空公司已在碳交易系统范围内。尽管其征收碳税的提议最终未能实现,但这种情况下的航空运输管理值得研究。为深入分析这一规划问题,提出了一个针对性的双层多目标均衡模型。在该模型中,上层是政府的碳排放额度分配与碳税设置模型,其目标为航空公司总碳排放量最小化与政策公平性最大化;下层是航空公司的传统航空燃油与生物燃油混合模型,其目标是使自身的利润最大化。值得注意的是,该模型的下层模型是凸的,因此,这一部分采用了KKT方法将所提出的双层优化模型转化为单层规划模型,以便求解。最后,转化后的考虑碳交易与碳税混合政策的航空运输多主体均衡决策模型被应用到基于对实际相关数据进行采集、云存储、脱敏处理、质量控制等操作的具体算例中,证明了该模型的有效性。

(4)探究了考虑三重碳定价混合政策的航空运输多主体均衡决策问题。在实际情况中,很少有国家或地区真正将碳交易机制、碳税机制与碳补贴机制三重结合以制定碳减排政策。然而,作为最普及的碳排放控制手段,研究它们之间的三重结合对探索合理的碳削减政策有着极为重要的意义。因此,为了分析碳交易、碳税与碳补贴混合政策对航空运输的影响,同样提出了一个双层多目标规划模型。在这个模型中,上层是政府部门的碳排放额度分配、碳税与碳补贴设置模型,其目的是最小化航空公司碳排放总量与关于碳排放额度分配公平性的环境基尼系数;下层是航空公司在一定周期内的航空生物燃油使用策略选择模型,其目的是最大化各航空公司自身的利润。该双层多目标规划模型的下层模型是凸的。为了有效地求解该模型,笔者采用了KKT方法将其转化为了单层优化模型。最后,转化后的碳交易、碳税与碳补贴三重混合政策下的低碳航空运输模型被应用到基于对实际相关数据进行采集、云存储、脱敏处理、质量控制等操作的具体算例中,证明了该模型的有效性,并为三重碳定价混合政策的潜在实施提供了理论支撑和实践依据。

通过对现有的碳定价机制进行梳理分析,找出当前已处于实施状态的机制与具有潜在可行性的碳减排机制。之后,根据这些机制,以不同碳定价机制下的航空运输碳减排策略优化问题为研究对象,以碳交易政策制定原则、碳税政策制定原则、碳补贴实施原则与航空运输管理理论为指导,以非合作博弈理论、多目标规划理论、数据挖掘理论及机器学习理论为主要工具,以KKT方法为主要技术,以所提出方法在基于对实际相关数据进行采集、云存储、脱敏处理、质量控制等操作的算例中的应用为主线展开研究。在对碳定价机制与航空运输系统分析的基础上构建了相应的模型,并通过算例验证分析了所提出模型的合理性与有效性,为相应问题提供了解决方案,形成了系统性的技术体系。以碳交易机制为核心的多种碳定价政策下的航空运输多主体均衡决策研究的结果对航空运输碳削减政策的规划有一定指导意义,对航空碳减排技术的发展与应用也有着极大的推动作用。其创新点主要集中在以下几个方面。

(1)展开碳交易市场下航空运输多主体均衡决策的系统分析。回顾现有文献,许多专家学者已经开展了各种碳定价机制下的航空运输研究。然而,大多数国内外研究者仅从单方面对碳定价政策下的航空运输管理问题进行了研究。基于对已有文献的学习、碳定价政策基本原则、航空运输管理理论进行严谨剖析与大胆探索,提出了不同碳定价机制下的航空运输多主体均衡决策问题。在这些机制中,有些是已广泛应用的机制,如碳交易机制;另一些是基于现有机制的融合,如碳交易与碳补贴混合机制、碳交易与碳税混合机制以及碳交易、碳税与碳补贴三重混合机制。

(2)针对不同碳定价机制的规则,建立了不同政策下的多目标双层均衡模型。在传统的碳定价政策研究中,大多数研究者仅从单一层面(政府层面或航空公司层面)进行考虑,而没有深入分析政府与航空公司间的交互作用。针对政府的碳定价政策制定和航空公司客运规划问题建立了多个双层均衡模型。在这些模型中,政府与航空公司被同时考虑,对于上层的政府来说,其考虑碳减排效果与政策公平两个目标,形成了双层多目标规划模型。这些模型的建立对低碳航空运输管理问题而言是创新性研究。

(3)根据所建立的双层均衡模型特征,采用KKT方法将其转化为单层规划模型,并将转化后的模型应用到基于对实际相关数据进行采集、云存储、脱敏处理、质量控制等操作的算例中。在提出了针对不同碳定价机制的航空运输碳减排策略优化问题的系统性解决方法之后,以算例来验证方法的科学性与有效性。这些方法分别在仅考虑碳交易市场的航空运输多主体均衡决策问题的算例、考虑碳交易与碳补贴混合政策的航空运输多主体均衡决策问题的算例、考虑碳交易与碳税混合政策的航空运输多主体均衡决策问题的算例以及考虑三重碳定价混合政策的航空运输多主体均衡决策问题的算例中得以运用。通过分析结果和进一步讨论,说明各个方法能够为决策者在处理相关低碳航空运输管理问题时提供合理的参考。

综上所述,根据现有碳定价机制,开展了相关低碳航空运输管理问题的系统分析与现有碳定价机制融合的研究,进而根据不同碳定价政策提出基于不同模型的四个系统性方法,并将这些方法应用到算例中以验证其有效性与合理性。研究按照"问题陈述—现状梳理—模型构建—算例分析"的思路展开,所研究的各个问题相互联系、层层深入。根据不同碳定价政策下的航空运输多主体均衡决策问题提出的建模方法均为双层多目标优化法,对潜在低碳航空运输政策的制定与航空运输碳减排策略实施有着一定指导意义,对碳定价机制、非合作博弈理论及多目标优化理论的研究也有着推动意义。

7.2 展望

当前对于低碳航空运输管理问题的研究还处于初级阶段,很多研究者的工作还停留在定性分析层面或者仅从单一角度开展研究,基于定量分析和优化决策的碳定价机制下航空运输管理问题的研究相对较少。因此,低碳航空运输管理还有很多问题有待深入研究与进一步探讨。今后的研究将主要围绕以下几个方面展开。

(1)基于大数据技术预测市场发展是制定更具前瞻性政策的一个重要方面,如航空运输市场、航空燃油市场及生物燃油市场等。

(2)结合技术创新与管理优化以促进低碳航空运输系统的改善,并建立综合性的低碳航空运输系统管理,特别是设置有效的碳定价方案。

(3)应用碳定价政策到其他领域也是一个重要的延伸,如陆路运输领域、水路运输领域、煤化工领域及电力领域等。

参考文献

安伟刚,2005.多目标优化方法研究及其工程应用[D].西安:西北工业大学.

毕清华,王双,2018.我国交通运输行业参与碳交易需求及政策建议分析[J].节能与环保,289(7):54-57.

陈帅,张会亚,2019.钢铁行业节能减排补贴政策技术进步效应实证研究——基于17家上市公司面板数据[J].环境保护,47(2):44-48.

陈向阳,2022.碳排放权交易和碳税的作用机制、比较与制度选择[J].福建论坛(人文社会科学版)(1):75-86.

淳伟德,张业霞,陈威,2022.碳限额与碳交易机制研究现状及趋势展望[J].电子科技大学学报(社会科学版),24(1):92-104.

董莉莉,范如国,2021.政府低碳补贴的最优监管策略及其最优边界问题[J].中国人口·资源与环境,31(8):13-22.

段声志,陈皓勇,郑晓东,等,2022.碳市场背景下发电商竞价策略及电力市场均衡分析[J].电测与仪表,59(5):33-41.

封室伊,刘志雄,2022.国际经验对我国未来碳税立法的启示[J].中国物价(5):102-104.

高鹏飞,陈文颖,2002.碳税与碳排放[J].清华大学学报(自然科学版)(10):1335-1338.

管清友,伍艳艳,许博男,2021.中国减碳之路的选择:碳交易还是碳税?[J].中国经济评论(5):16-17.

何皓,邢子恒,李顶杰,等,2019.可持续航空生物燃料的推广应用及行业影响与应对措施[J].化工进展,38(8):3497-3507.

胡东滨,彭丽娜,陈晓红,2018.配额分配方式对不同区域碳交易市场运行效率影响研究[J].科技管理研究,38(19):240-246.

胡荣,陈琳,张菲菲,等,2018.考虑碳排放权交易的航空公司动态价格竞争复杂性[J].交通运输系统工程与信息,18(1):6-12.

胡晓红,2011.欧盟航空碳排放交易制度及其启示[J].法商研究,28(5):145-151.

胡徐腾,齐泮仑,付兴国,等,2012.航空生物燃料技术发展背景与应用现状[J].化工进展,1(8):1625-1630.

蒋志刚,2012.透过科斯定理观航空业碳排放之争[J].经营管理者(24):255-255.

梁进,杨晓丽,郭华英,等,2020.碳减排数学模型及其应用[M].北京:化学工业出版社.

李广津,顾亚琼,2017.碳排放问题的研究[J].文存阅刊(19):202.

李广明,张维洁,2017.中国碳交易下的工业碳排放与减排机制研究[J].中国人口·资源与环境,27(10):141-148.

李进,张江华,2014.碳交易机制对物流配送路径决策的影响研究[J].系统工程理论与实践,34(7):1779-1787.

林鹏,2009.欧盟航空排放交易实行在即,航空减排路在何方[J].中国民用航空,(12):18-23.

林鹏,2010.碳资产管理——低碳时代航空公司的挑战与机遇[J].中国民用航空(8):22-24.

刘广瑞,颜蓓蓓,陈冠益,2012.航空生物燃料制备技术综述及展望[J].生物质化学工程,46(3):45-48.

刘宇,蔡松锋,王毅,等,2013.分省与区域碳市场的比较分析——基于中国多区域一般均衡模型 TermCO_2[J].财贸经济(11):117-127.

李汝义,2018.航空碳排放的法律规制:域外经验与中国实践[J].武大国际法评论(4):146-157.

罗利,彭际华,2007.竞争环境下的民航客运收益管理动态定价模型[J].系统工程理论与实践,27(11):15-25.

骆瑞玲,范体军,李淑霞,等,2014.我国石化行业碳排放权分配研究[J].中国软科学(2):171-178.

吕一兵,万仲平,2014.下层为凸标量优化的二层多目标规划问题的光滑化方法[J].系统科学与数学(5):513-520.

吕智林,范炳全,刘娟娟,等,2006.城市快速路网匝道与污染控制双层多目标规划模型[J].控制与决策,21(1):64-67.

孟小桦,2022.基于气候变化国际法视角论欧盟航空碳排放交易机制的非正当性及应对之策[J].西南林业大学学报(社会科学版),6(2):90-97.

缪文清,沈炳良,2020.碳交易及补贴机制下供应链差别定价研究[J].技术经济,39(9):51-60.

彭春华,张海洋,孙惠娟,等,2022.碳交易机制下综合能源市场多供能主体均衡竞价策略[J].电网技术,46(2):463-471.

浦徐进,田广,2018.产业补贴模式下的制造企业低碳生产行为选择[J].计算机集成制造系统,24(3):772-780.

齐禹萌.基于脱钩理论的航空运输增长与碳排放分析[J].中国民用航空,2017(2):81-82.

乔晗,宋楠,高红伟,2014.关于欧盟航空碳税应对策略的 Stackelberg 博弈模型分析[J].系统工程理论与实践,34(1):158-167.

任亚运,傅京燕,2019.碳交易的减排及绿色发展效应研究[J].中国人口·资源与环境,29(5):11-20.

沈月琴,曾程,王成军,等,2015.碳汇补贴和碳税政策对林业经济的影响研究——基于 CGE 的分析[J].自然资源学报,30(4):560-568.

石敏俊,袁永娜,周晟吕,等,2013.碳减排政策:碳税、碳交易还是两者兼之?[J].管理科学学报,16(9):9-19.

石钰婷,吴薇薇,李晓霞,2019.我国航空碳排放发展特征及影响因素研究[J].华东交通大学学报,36(6):32-38.

宋旭东,莫娟,向铁元,2013.电力行业碳排放权的初始分配机制[J].电力自动化设备,33(1):

44-49.

孙亚男,2014.碳交易市场中的碳税策略研究[J].中国人口·资源与环境,24(3):32-40.

汤维祺,鲁政委,2017.我国"十三五"碳排放路径预测:结构与趋势[J].环境经济研究,2(3):36-48.

王道平,李小燕,赵亮,2018.碳交易机制下考虑制造商竞争的供应链协调研究[J].运筹与管理,27(4):62-71.

王婧,戴洁,胡静,等,2015.中欧航空碳排放权交易比较及其启示[J].上海环境科学集(2)129-134.

王锋,吴丽华,杨超,2010.中国经济发展中碳排放增长的驱动因素研究[J].经济研究,45(2):123-136.

王林辉,王辉,董直庆,2020.经济增长和环境质量相容性政策条件——环境技术进步方向视角下的政策偏向效应检验[J].管理世界,36(3):39-60.

王文军,谢鹏程,胡际莲,等,2016.碳税和碳交易机制的行业减排成本比较优势研究[J].气候变化研究进展,12(1):53-60.

王小平,曹立明,2002.遗传算法:理论、应用及软件实现[M].西安:西安交通大学出版社.

王中,元燕,2021.碳交易机制对金融市场的影响分析[J].开发性金融研究(6):11-19.

魏涛远,格罗姆斯洛德,2002.征收碳税对中国经济与温室气体排放的影响[J].世界经济与政治(8):47-49.

谢怀筑,于李娜,2010.碳金融:应对气候变化的金融创新[J].中国社会科学院研究生院学报(1):29-40.

许光,2011.碳税与碳交易在中国环境规制中的比较及运用[J].北方经济(6):3-4.

徐玖平,卢毅,2011.低碳经济引论[M].北京:科学出版社.

徐琪,范丹丹,2017.碳税约束下基于回购与低碳补贴策略的供应链优化决策[J].软科学,31(9):53-58.

许小虎,廖夏伟,马晓明,2013.欧盟航空碳交易对中国航空客运的影响分析[J].北京大学学报(自然科学版),49(4):699-706.

杨仕辉,谢晓娟,2014.碳补贴政策的博弈分析与策略选择[J].广东外语外贸大学学报,25(1):28-31.

杨绪彪,朱丽萍,2015.碳中和增长目标下解决航空碳排放的路径选择[J].经济问题探索(7):18-22.

姚国欣,2011.加速发展我国生物航空燃料产业的思考[J].中外能源,16(4):18-26.

姚昕,刘希颖,2010.基于增长视角的中国最优碳税研究[J].经济研究,45(11):48-58.

姚星,陈灵杉,张永忠,2022.碳交易机制与企业绿色创新:基于三重差分模型[J/OL].科研管理,43(6):43-52.[2022-04-26].http://kns.cnki.net/kcms/detail/11.1567.G3.20220410.2233.002.html.

余美红,杨绪彪,2018.碳减排机制下航空低碳发展 SD 模型研究[J].经济研究导刊(32):

64-67.

余萍,刘纪显,2020.碳交易市场规模的绿色和经济增长效应研究[J].中国软科学(4):46-55.

张海咪,刘渤海,李恩重,等,2018.碳交易及补贴政策对再制造闭环供应链的影响[J].中国表面工程,31(1):165-174.

张宁,刘青君,2022.碳交易对碳达峰、碳中和目标的成本效益机制研究——基于试点省市高耗能行业的模拟[J].广东社会科学(2):46-58.

赵凤彩,张卫景,刘蒙蒙,2015.全球航空货运碳排放配额分配问题研究[J].生态经济,31(1):60-64.

赵宏,伍浩松,2017.全球能源相关碳排放连续三年持平[J].国外核新闻(5):3-4.

赵黎明,殷建立,2016.碳交易和碳税情景下碳减排二层规划决策模型研究[J].管理科学,29(1):137-146.

赵玉焕,2011.碳税对芬兰产业国际竞争力影响的实证研究[J].北方经贸(3):72-74.

郑路,张明霞,胡觉亮,等,2022.碳交易及消费补贴下的服装行业碳减排决策问题[J].纺织学报,43(1):193-200.

中国财政科学研究院课题组,2018.在积极推进碳交易的同时择机开征碳税[J].财政研究(4):2-19.

中国商飞,2017.中国商飞发布2017—2036年民用飞机市场预测年报未来20年中国市场需要8575架客机[J].大飞机,0(9):7.

舟丹,2014.航空生物燃料[J].中外能源(8):6.

周维良,2015.浅析我国航空运输业如何应对欧盟碳关税——以战略性贸易理论为借鉴[J].当代经济(19):51-53.

Agreement P,2015. Paris agreement[C]// Report of the Conference of the Parties to the United Nations Framework Convention on Climate Change (21st Session, Paris). HeinOnline,4:2017.

AI-Ghussain L,2019. Global warming: Review on driving forces and mitigation [J]. Environmental Progress & Sustainable Energy,38(1):13-21.

Air Transport Action Group (ATAG),2014. Passenger Biofuels Flights Data[EB/OL].[2022-09-01] http://aviationbenefits. org/environmental-efficiency/sustainable-fuels/passenger-biofuel-flights/.

Albers S, Bühne J A, Peters H, 2009. Will the EU-ETS instigate airline network reconfigurations?[J].Journal of Air Transport Management,15(1):1-6.

Alves M J,Dempe S,Judice J J,2012. Computing the Pareto frontier of a bi-objective bi-level linear problem using a multiobjective mixed-integer programming algorithm[J]. Optimization,61(3):335-358.

Amdur D, Dale D, Borick C, et al,2015. Individual discount rates and climate change: is discount rate associated with support for a carbon tax?[J]. Climate change economics,

6(4):1550018.

Amouzegar M A,Moshirvaziri K,1999. Determining optimal pollution control policies: An application of bilevel programming[J]. European Journal of Operational Research,119(1): 100-120.

Andersson J J,2019. Carbon taxes and CO_2 emissions: Sweden as a case study[J]. American Economic Journal:Economic Policy,11(4):1-30.

Anger A,2010. Including aviation in the European emissions trading scheme: Impacts on the industry,CO_2 emissions and macroeconomic activity in the EU[J]. Journal of Air Transport Management,16(2):100-105.

Anouliès L,2017. Heterogeneous firms and the environment: a cap-and-trade program[J]. Journal of Environmental Economics and Management,84:84-101.

Back T,Fogel D B,Michalewicz Z,1997. Handbook of Evolutionary Computation[M]. Bristol: IOP Publishing Ltd..

Baranzini A, Goldemberg J, Speck S, 2000. A future for carbon taxes[J]. Ecological Economics,32(3):395-412.

Bard J F,1988. Convex two-level optimization[J]. Mathematical Programming,40(1-3): 15-27.

Belobaba P P,Wilson J L,1997. Impacts of yield management in competitive airline markets [J]. Journal of Air Transport Management,3(1):3-9.

Ben-Ayed O,1993. Bilevel linear programming[J]. Computers & Operations Research,20(5): 485-501.

Benito A,Blanch A,Herranz R,2010. Estimation of historical aviation CO_2 emissions[EB/OL].[2022-09-01].12th WCTR World Conference on Transport Research, July, 11-15, Lisboa.

Boeing,2013. Boeing Annual Report[EB/OL].[2022-09-01]. https://www.boeing.com/assets/pdf/company offices/financial/finreports/annual/2014/annual_report.pdf.

Boeing,2015. Current Market Outlook,2015—2034[EB/OL].[2022-09-01]. http://www.boeing.com/resources/boeingdotcom/commercial/about-our-market/assets/downloads/Boeing_Current_Market_Outlook_2015.pdf.

Bordigoni M, Hita A, Le Blanc G, 2012. Role of embodied energy in the European manufacturing industry: Application to short-term impacts of a carbon tax[J]. Energy Policy,43(C):335-350.

Bows A,Anderson K L,2007. Policy clash: can projected aviation growth be reconciled with the UK Government's 60% carbon-reduction target? [J]Transport Policy,14(2):103-110.

Bracken J, Mcgill J T, 1973. Mathematical programs with optimization problems in the constraints[J]. Operations Research,21(1):37-44.

参考文献

Breidenich C, Magraw D, Rowley A, et al, 1998. The Kyoto protocol to the United Nations framework convention on climate change[J]. American Journal of International Law, 92(2): 315-331.

Brink C, Vollebergh H R J, van der Werf E, 2016. Carbon pricing in the EU: Evaluation of different EU ETS reform options[J]. Energy Policy, 97(C): 603-617.

Bruvoll A, Larsen B M, 2004. Greenhouse gas emissions in Norway: Do carbon taxes work? [J]. Energy Policy, 32(4): 493-505.

Bunn D W, Fezzi C, 2007. Interaction of European carbon trading and energy prices[EB/OL]. [2022-09-01]. https://ideas.repec.org/p/ags/feemcc/9092.html.

Bureau B, 2011. Distributional effects of a carbon tax on car fuels in France[J]. Energy Economics, 33(1): 121-130.

Callan T, Lyons S, Scott S, et al, 2009. The distributional implications of a carbon tax in Ireland[J]. Energy Policy, 37(2): 407-412.

Candler W, Norton R, 1977. Multi-level programming [R]. Washington DC: Word Bank Development Research Center.

Cao J, Ho M S, Jorgenson D W, et al, 2019. China's emissions trading system and an ETS-carbon tax hybrid[J]. Energy Economics, 81(C): 741-753.

Cao K, Xu X, Wu Q, et al, 2017. Optimal production and carbon emission reduction level under cap-and-trade and low carbon subsidy policies[J]. Journal of cleaner production, 167: 505-513.

Cato S, 2011. Environmental policy in a mixed market: Abatement subsidies and emission taxes[J]. Environmental Economics & Policy Studies, 13(4): 283-301.

Chang C C, Lai T C, 2013. Carbon allowance allocation in the transportation industry[J]. Energy policy, 63: 1091-1097.

Chang N B, Chen H W, Shaw D G, et al, 1997. Water pollution control in river basin by interactive fuzzy interval multiobjective programming [J]. Journal of Environmental Engineering, 123(12): 1208-1216.

Chang N, Han C H, 2020. Cost-push impact of taxing carbon in China: A price transmission perspective[J]. Journal of Cleaner Production, 248: 119194.

Chao H, Agusdinata D B, DeLaurentis D A, 2019. The potential impacts of Emissions Trading Scheme and biofuel options to carbon emissions of US airlines[J]. Energy Policy, 134: 110993.

Chen J X, Chen J, 2017. Supply chain carbon footprinting and responsibility allocation under emission regulations[J]. Journal of environmental management, 188: 255-267.

Cheng Y W, Mu D, Zhang Y, 2017. Mixed carbon policies based on cooperation of carbon emission reduction in supply chain[J]. Discrete Dynamics in Nature and Society, 2017(Pt.1):

4379124-1-4379124-11.

Chen L, Msigwa G, Yang M, et al, 2022. Strategies to achieve a carbon neutral society: A review[J]. Environmental Chemistry Letters, 20: 2277-2310.

Chevallier R, 2017. Climate change progress, the US withdrawal and what we can expect from COP23 [EB/OL]. [2022-09-01]. https://www.africaportal.org/publications/climate—change—progress—us—withdrawal—and—what—we—can—expect—cop23/.

Chen Y H, Chen M X, Mishra A K, 2020. Subsidies under uncertainty: Modeling of input-and output-oriented policies[J]. Economic Modelling, 85: 39-56.

Chen Y, Wang C, Nie P, et al, 2020. A clean innovation comparison between carbon tax and cap-and-trade system[J]. Energy Strategy Reviews, 29: 100483.

Chen Y, Yao Z, Zhong K, 2022. Do environmental regulations of carbon emission and air pollution foster green technology innovation: Evidence from China's prefecture-level cities [J]. Journal of Cleaner Production, 350, 131537.

Chin A T H, Zhang P, 2013. Carbon emission allocation methods for the aviation sector[J]. Journal of Air Transport Management, 28: 70-76.

Coase R H, 1960. The problem of social cost[J]. Journal of Law & Economics, 3(4): 1-44.

Colson B, Marcotte P, Savard G. 2007. An overview of bilevel optimization[J]. Annals of operations research, 153(1): 235-256.

Convery F J, Redmond L, 2007. Market and price developments in the European Union emissions trading scheme[J]. Review of Environmental Economics & Policy, 1(1): 88-111.

Cooper R N, 2006. Alternatives to Kyoto: The case for a carbon tax[C]. Architectures for agreement: Addressing global climate change in the post-Kyoto World, 105-115.

Crossland J, Li B, Roca E, 2013. Is the European Union Emissions Trading Scheme (EU ETS) informationally efficient? [J]. Evidence from momentum-based trading strategies. Applied Energy, 109: 10-23.

Cui Q, Li Y, Lin J, 2018. Pollution abatement costs change decomposition for airlines: An analysis from a dynamic perspective[J]. Transportation Research Part A: Policy and Practice, 111: 96-107.

Deb K, Kalyanmoy D, 2001. Multi-Objective Optimization Using Evolutionary Algorithms [M]. New York: John Wiley & Sons, Inc.

De Larminat P, 2016. Earth climate identification vs. anthropic global warming attribution[J]. Annual Reviews in control, 42: 114-125.

Dempe S, Kalashnikov V, Rios-Mercado R Z, 2005. Discrete bilevel programming: Application to a natural gas cash-out problem[J]. European Journal of Operational Research, 166(2): 469-488.

Dessens O, Köhler M O, Rogers H L, et al, 2014. Aviation and climate change[J]. Transport

Policy,34:14-20.

Di Cosmo V, Hyland M, 2013. Carbon tax scenarios and their effects on the Irish energy sector [J]. Energy Policy,59:404-414.

Dong Z, Xia C, Fang K, et al, 2022. Effect of the carbon emissions trading policy on the co-benefits of carbon emissions reduction and air pollution control [J]. Energy Policy, 165:112998.

Dray L, Evans A, Reynolds T, et al, 2014. Airline fleet replacement funded by a carbon tax: An integrated assessment[J]. Transport Policy,34:75-84.

Du S F, Hu L, Song M L, 2016. Production optimization considering environmental performance and preference in the cap-and-trade system[J]. Journal of Cleaner Production, 112:1600-1607.

Efthymiou M, Papatheodorou A, 2019. EU Emissions Trading scheme in aviation: Policy analysis and suggestions[J]. Journal of Cleaner Production,237:117734.

Eiselt H A, Sandblom C L, 2010. Multiobjective Programming[M]. Berlin: Springer-Verlag.

Ellerman A D, Convery F J, De Perthuis C, 2010. Pricing carbon: The European Union emissions trading scheme[M]. London, Cambridge: Cambridge University Press.

Elliott J, FosterI, KortumS, et al, 2010. Trade and carbon taxes [J]. American Economic Review,100(2):465-469.

Fang Z M, Moolchandani K, Chao H, et al, 2019. A method for emission allowances allocation in air transportation systems from a system-of-systems perspective[J]. Journal of Cleaner Production,226:419-431.

Falk J E, Liu J, 1995. On bilevel programming, part I: General nonlinear cases [J]. Mathematical Programming,70:47-72.

Fan R G, Dong L, Yang W, et al, 2017. Study on the optimal supervision strategy of government low-carbon subsidy and the corresponding efficiency and stability in the small-world network context[J]. Journal of Cleaner Production,168:536-550.

Flachsland C, Brunner S, Edenhofer O, et al, 2011. Climate policies for road transport revisited (II): Closing the policy gap with cap-and-trade[J]. Energy policy,39(4):2100-2110.

Floros N, Vlachou A, 2005. Energy demand and energy-related CO_2 emissions in Greek manufacturing: Assessing the impact of a carbon tax[J]. Energy Economics,27(3):387-413.

Frey M, 2017. Assessing the impact of a carbon tax in Ukraine[J]. Climate Policy,17(3): 378-396.

Galinato G I, Yoder J K, 2010. An integrated tax-subsidy policy for carbon emission reduction [J]. Resource and Energy Economics,32(3):310-326.

Geroe S, 2019. Addressing climate change through a low-cost, high-impact carbon tax[J]. The Journal of Environment & Development,28(1):3-27.

Giannikos I, 1998. A multiobjective programming model for locating treatment sites and routing hazardous wastes. European Journal of Operational Research, 104(2): 333-342.

Gies E, 2017. The real cost of energy[J]. Nature, 551(7682): S145-S147.

Global Monitoring Laboratory, 2022. Trends in atmospheric carbon dioxide[EB/OL]. [2022-09-01]. https://gmdl.noaa.gov/ccgg/trends/gl_data.html.

Gong H, Wang M Q, Wang H, 2013. New energy vehicles in China: policies, demonstration, and progress[J]. Mitigation and Adaptation Strategies for Global Change, 18(2): 207-228.

Gössling S, Upham P, 2009. Climate Change and Aviation: Issues, Challenges and Solutions [M]. London, Earthscan.

González R, Hosoda E B, 2016. Environmental impact of aircraft emissions and aviation fuel tax in Japan[J]. Journal of Air Transport Management, 57: 234-240.

Gui L, 2010. Climate change and aviation: Issues, challenges and solutions. Current Issues in Tourism, 13(4): 398-400.

Haites E, 2018. Carbon taxes and greenhouse gas emissions trading systems: What have we learned? [J]. Climate Policy, 18(8), 955-966.

Hammond G P, Kallu S, McManus M C, 2008. Development of biofuels for the UK automotive market[J]. Applied energy, 85(6): 506-515.

Han J, Elgowainy A, Cai H, et al, 2013. Life-cycle analysis of bio-based aviation fuels[J]. Bioresource technology, 150: 447-456.

Han Q, Wang Y Y, Shen L, et al, 2020. Decision and coordination of low-carbon E-commerce supply chain with government carbon subsidies and fairness concerns[J]. Complexity, 2020 (8): 1-19.

Hasan M R, Roy T C, Daryanto Y, et al, 2021. Optimizing inventory level and technology investment under a carbon tax, cap-and-trade and strict carbon limit regulations[J]. Sustainable Production and Consumption, 25: 604-621.

Herold D M, Lee K H, 2018. Carbon disclosure strategies in the global logistics industry: Similarities and differences in carbon measurement and reporting[M/OL]. Berlin: Springer. [2022-09-01]. https://link.springer.com/chapter/10.1007/978-3-319-67702-6_6.

He Y, Wang L, Wang J, 2012. Cap-and-trade vs. carbon taxes: A quantitative comparison from a generation expansion planning perspective[J]. Computers and Industrial Engineering, 63 (3): 708-716.

Hihara K, 2015. The Role of Aviation in Climate Change Mitigation. In: Chen, W Y, Suzuki T, Lackner M(eds.). Handbook of Climate Change Mitigation and Adaptation[M]. New York: Springer International Publishing.

Hileman J I, De la Rosa Blanco E, Bonnefoy P A, et al, 2013. The carbon dioxide challenge facing aviation[J]. Progress in Aerospace Sciences, 63: 84-95.

Hofer C, Dresner M E, Windle R J, 2010. The environmental effects of airline carbon emissions taxation in the US. Transportation Research Part D: Transport and Environment, 15(1): 37-45.

Intergovernmental Panel on Climate Change (IPCC), 2018. The IPCC Second Assessment Report Synthesis of Scientific-technical Information Relevant to Interpreting Article 2 of the UNFCCC[EB/OL].[2022-09-01] https://www.ipcc.ch/site/assets/uploads/2018/05/2nd-assessment-en-1.

Intergovernmental Panel on Climate Change (IPCC). The Synthesis Report of the Third Assessment Report[EB/OL].[2022-09-01]. https://www.ipcc.ch/site/assets/uploads/2018/05/SYR_TAR_full_report.

Huang H, Ma H, 2016. An agent-based model for an air emissions cap and trade program: A case study in Taiwan[J]. Journal of Environmental Management, 183: 613-621.

Huang J, Leng M, Liang L, et al, 2013. Promoting electric automobiles: Supply chain analysis under a government's subsidy incentive scheme[J]. IIE Transactions, 45(8): 826-844.

Huisingh D, Zhang Z, Moore J C, et al, 2015. Recent advances in carbon emissions reduction: policies, technologies, monitoring, assessment and modeling[J]. Journal of Cleaner Production, 103: 1-12.

Hu X, Yang Z, Sun J, et al, 2020. Carbon tax or cap-and-trade: Which is more viable for Chinese remanufacturing industry?[J]. Journal of Cleaner Production, 243: 118606.

Hu Y, Wang Z, Li X, 2020. Impact of policies on electric vehicle diffusion: An evolutionary game of small world network analysis[J]. Journal of Cleaner Production, 265: 121703.

Intergovernmental Panel on Climate Change (IPCC), 1990. The Overview of the First Assessment Report.[EB/OL].[2022-09-01]. https://www.ipcc.ch/report/ar1/syr/

Intergovernmental Panel on Climate Change (IPCC). 2007. The Synthesis Report of the Fourth Assessment Report. [EB/OL].[2022-09-01] https://www.ipcc.ch/site/assets/uploads/2018/02/ar4_syr_full_report.

Intergovernmental Panel on Climate Change (IPCC), 2014. The Synthesis Report of the Fifth Assessment Report. [EB/OL].[2022-09-01] https://www.ipcc.ch/site/assets/uploads/2018/02/SYR_AR5_FINAL_full.

Intergovernmental Panel on Climate Change (IPCC), 2021. Climate Change 2021—the Physical Science Basis: Contribution of Working Group I to the Sixth Assessment Report of the Intergovernmental Panel on Climate Change[EB/OL].[2022-09-01]. https://www.unep.org/resources/report/climate-change-2021-physical-science-basis-working-group-i-contribution-sixth.

Intergovernmental Panel on Climate Change (IPCC), 2022. Climate Change 2022 Impacts, Adaptation and Vulnerability—Working Group II Contribution to the Sixth Assessment

Report of the Intergovernmental Panel on Climate Change. Climate Change 2022:Mitigation of Climate Change[EB/OL].[2022-09-01]. http://www.ipcc.ch/report/ar6/wg3/.

International Air Transport Association (IATA), 2021. IATA Annual Review[EB/OL]. [2022-09-01]. https://www.iata.org/en/publications/annual-review/.

International Energy Agency (IEA), 2022. Global Energy Review:carbon Emissions 2021[EB/OL].[2022-09-01]. https://www.iea.org/reports/global-energy-review-co2-emissions-in-2021-2.

International Energy Agency (IEA), 2022. Data overview-IEA[EB/OL]. [2022-09-01]. https://www.iea.org/data-and statistics/databrowser?country=WORLD&fuel=CO$_2$%20emissions& indicator=TotCO$_2$.

International Civil Aviation Organization(ICAO), 2009. Information Paper, Global Aviation CO$_2$ Emissions Projections to 2050[EB/OL].[2022-09-01]. https://www.icao.int/environmental-protection/GIACC/Giacc-4/Giacc4_ip01_en.pdf.

International Civil Aviation Organization (ICAO), 2019. 2019 ICAO Environmental Report: Environmental Trends in Aviation to 2050[EB/OL].[2022-09-01]. https://www.icao.int/environmental-protection/Pages/envrep2019.aspx

International Civil Aviation Organization (ICAO), 2019. The ICAO Environmental Report 2019 [EB/OL].[2022-09-01]. https://www.icao.int/enviromental-protection/Pages/envrep2019.aspx.

Jiang Z, Shao S, 2014. Distributional effects of a carbon tax on Chinese households:A case of Shanghai[J]. Energy Policy, 73:269-277.

Jia Z, Lin B, 2020. Rethinking the choice of carbon tax and carbon trading in China[J]. Technological Forecasting and Social Change, 159:120187.

Ji J, Zhang Z, Yang L, 2017. Carbon emission reduction decisions in the retail-/dual-channel supply chain with consumers' preference[J]. Journal of Cleaner Production, 141:852-867.

Johansson B, 2006. Climate policy instruments and industry—effects and potential responses in the Swedish context[J]. Energy Policy, 34(15):2344-2360.

Kapphan I, 2009. A framework proposal for a post-2012 copenhagen protocol-How to reach 80% reductions by 2062[J]. Papers on International Environmental Negotiation, 17:25.

Karlof J K, Wang W, 1996. Bilevel programming applied to the flow shop scheduling problem [J]. Computers & Operations Research, 23(5):443-451.

Kasemset C, Kachitvichyanukul V, 2010. Bi-level multi-objective mathematical model for job-shop scheduling: the application of Theory of Constraints[J]. International Journal of Production Research, 48(20):6137-6154.

Kaufman N, 2016. Carbon tax vs. Cap-and-Trade: What's a better policy to cut emissions? [EB/OL].[2022-09-01]. https://www.wri.org/insights/carbon-tax-vs-cap-and-trade—whats—better—policy—cut—emissions.

Kelly T,Allan J,2006. Ecological effects of aviation[M].Berlin:Springer.

Keohane N O, 2009. Cap and trade, rehabilitated: Using tradable permits to control US greenhouse gases[J]. Review of Environmental Economics and Policy 3(1):42-62.

Khastar M,Aslani A,Nejati M,2020. How does carbon tax affect social welfare and emission reduction in Finland? [J]. Energy Reports,6:736-744.

Kong Y, Zhao T, Yuan R, et al, 2019. Allocation of carbon emission quotas in Chinese provinces based on equality and efficiency principles[J]. Journal of Cleaner Production,211:222-232.

Kousoulidou M,Lonza L,2016. Biofuels in aviation:Fuel demand and CO_2 emissions evolution in Europe toward 2030[J]. Transportation Research Part D:Transport and Environment, 46:166-181.

Krammer P, Dray L, Köhler M O, 2013. Climate-neutrality versus carbon-neutrality for aviation biofuel policy[J]. Transportation Research Part D:Transport and Environment,23:64-72.

Kurniawan J S,Khardi S,2011. Comparison of methodologies estimating emissions of aircraft pollutants, environmental impact assessment around airports[J]. Environmental Impact Assessment Review,31(3):240-252.

Lee C F,Lin S J,Lewis C,2008. Analysis of the impacts of combining carbon taxation and emission trading on different industry sectors[J]. Energy Policy,36(2):722-729.

Lee C T,Hashim H,Ho C S,et al,2017. Sustaining the low-carbon emission development in Asia and beyond: Sustainable energy, water, transportation and low-carbon emission technology[J]. Journal of Cleaner Production,146:1-13.

Lee C S, Wen C G, 1996. Application of multiobjective programming to water quality management in a river basin[J]. Journal of Environmental Management,47(1):11-26.

Lee D S,Sausen R,2000. New Directions:Assessing the real impact of CO_2 emissions trading by the aviation industry[J]. Atmospheric Environment,34:5337-5338.

Le Quéré C,Andrew R M,Friedlingstein P.,et al,2018. Global carbon budget 2017[J]. Earth System Science Data Discussions,10(1):405-448.

Li G,Zheng H,Ji X,et al, 2018. Game theoretical analysis of firms' operational low-carbon strategy under various cap-and-trade mechanisms[J]. Journal of Cleaner Production, 197:124-133.

Li H,Peng W,2020. Carbon tax, subsidy, and emission reduction: Analysis based on DSGE model[J]. Complexity,2020:1-10.

Li H,Wang J,Wang S,2022. The Impact of Energy Tax on Carbon Emission Mitigation:An Integrated Analysis Using CGE and SDA[J]. Sustainability,14(3):1087.

Li M, Zhang D, Li C T, et al, 2018. Air quality co-benefits of carbon pricing in China[J]. Nature Climate Change, 8(5): 398.

Lin B, Jia Z, 2020. Is emission trading scheme an opportunity for renewable energy in China? A perspective of ETS revenue redistributions[J]. Applied Energy, 263: 114605.

Lin B, Xie X, 2016. CO_2 emissions of China's food industry: An input-output approach[J]. Journal of Cleaner Production, 112: 1410-1421.

Lippke B, Puettmann M E, Johnson L, et al, 2012. Carbon emission reduction impacts from alternative biofuels[J]. Forest Products Journal, 62(4): 296-304.

Li T, Wan Y, 2019. Estimating the geographic distribution of originating air travel demand using a bi-level optimization model[J]. Transportation Research Part E: Logistics and Transportation Review, 131: 267-291.

Liu H, Kou X, Xu G, et al, 2021. Which emission reduction mode is the best under the carbon cap-and-trade mechanism? [J]. Journal of Cleaner Production, 314: 128053.

Liu J, Bai J, Deng Y, et al, 2021. Impact of energy structure on carbon emission and economy of China in the scenario of carbon taxation[J]. Science of the Total Environment, 762: 143093.

Liu L, Chen C, Zhao Y, et al, 2015. China's carbon-emissions trading: Overview, challenges and future[J]. Renewable and Sustainable Energy Reviews, 49: 254-266.

Liu L, Huang C Z, Huang G, et al, 2018. How a carbon tax will affect an emission-intensive economy: A case study of the Province of Saskatchewan, Canada[J]. Energy, 159: 817-826.

Liu W, Gao L, Song H, et al, 2021. Factor market distortion, technology change, and green growth in the Chinese civil airline industry. Journal of Asian Economics, 77: 101392.

Liu X, Hang Y, Wang Q, et al, 2020. Drivers of civil aviation carbon emission change: A two-stage efficiency-oriented decomposition approach[J]. Transportation Research Part D: Transport and Environment, 89: 102612.

Li W, Zhang Y W, Lu C, 2018. The impact on electric power industry under the implementation of national carbon trading market in China: A dynamic CGE analysis[J]. Journal of Cleaner Production, 200: 511-523.

Li X I, Yu C W, 2010. Impacts of emission trading on carbon, electricity and renewable markets: A review[C]. IEEE: Power and Energy Society General Meeting, 1-7.

Li X Y, Tang B J, 2017. Incorporating the transport sector into carbon emission trading scheme: an overview and outlook[J]. Nature Hazards, 88: 683-698.

Li Z M, Yang W, Pan Y C, et al, 2021. Optimal consumption subsidy strategy of a green supply chain under the cap-and-trade mechanism[C]// IEEE International Conference on Industrial Engineering and Engineering Management (IEEM), December 13-16, Marina Bay Sands, Singapore.

Li Z, Pan Y, Yang W, et al, 2021. Effects of government subsidies on green technology investment and green marketing coordination of supply chain under the cap-and-trade mechanism[J]. Energy Economics,101:105426.

Loo B P Y,Li L,2012. Carbon dioxide emissions from passenger transport in China since 1949:Implications for developing sustainable transport[J]. Energy Policy,50(6):464-476.

Lu C,Tong Q,Liu X,2010. The impacts of carbon tax and complementary policies on Chinese economy[J]. Energy Policy,38(11):7278-7285.

Mallapaty S,2020. How China could be carbon neutral by mid-century[J]. Nature,586(7830):482-484.

Martelli E,Freschini M,Zatti M,2020. Optimization of renewable energy subsidy and carbon tax for multi energy systems using bilevel programming[J]. Applied energy,267:115089.

Martin R,Muûls M,Wagner U J,2016. The impact of the European Union emissions trading scheme on regulated firms:What is the evidence after ten years? [J]. Review of Environmental Economics and Policy,10:129-148.

Mayor K,Tol R S J,2010. The impact of European climate change regulations on international tourist markets[J]. Transportation Research Part D:Transport and Environment,15(1):26-36.

Meleo L,Nava C R,Pozzi C,2016. Aviation and the costs of the European emission trading scheme:The case of Italy[J]. Energy Policy,88:138-147.

Memtsas D P,2007. Multiobjective programming methods in the reserve selection problem[J]. European Journal of Operational Research,150(3):640-652.

Mendes L M Z,Santos G,2008. Using economic instruments to address emissions from air transport in the European Union[J]. Environment and Planning A,40(1):189-209.

Migdalas A,1995. Bilevel programming in traffic planning:Models,methods and challenge[J]. Journal of Global Optimization,7(4):381-405.

Milanovic B,1997. A simple way to calculate the Gini coefficient,and some implications[J]. Economics Letters,56(1):45-49.

Milunovich G,Stegman A,Cotton D,2007. [EB/OL].[2022-09-01].https://papers.ssrn.com/sol3/papers.cfm? abstract_id=989271.

Monjon S, Quirion P, 2010. How to design a border adjustment for the European Union emissions trading system?[J]Energy Policy,38(9):5199-5207.

Nakata T,Lamont A,2001. Analysis of the impacts of carbon taxes on energy systems in Japan[J]. Energy Policy,29(2):159-166.

Narassimhan E,Gallagher K S,Koester S,et al,2018. Carbon pricing in practice:A review of existing emissions trading systems[J]. Climate Policy,18(8):967-991.

Nash J,1950 Equilibrium points in n-person games.[J]. Proceedings of the National Academy of Sciences of the United States of America, 36(1), 48—49.

Nash J, 1951. Non-cooperative games[J]. Annals of Mathematics, 54(2):286-295.

National Oceanic and Atmospheric Administration (NOAA), 2021. National Centers for Environmental Information, State of the Climate: Global Climate Report[EB/OL].[2022-09-01]. https://www.ncdc.noaa.gov/sotc/global/202013.

Nicolini M, Tavoni M, 2017. Are renewable energy subsidies effective? Evidence from Europe[J]. Renewable and Sustainable Energy Reviews, 74:412-423.

Nie J J, Shi C L, Xiong Y, et al, 2020. Downside of a carbon tax for environment: Impact of information sharing[J]. Advances in Climate Change Research, 11(2):92-101.

Nie P Y, Wang C, Chen Z Y, et al, 2018. A theoretic analysis of key person insurance[J]. Economic Modelling, 71:272-278.

Nishida Y, Hua Y, 2011. Motivating stakeholders to deliver change: Tokyo's cap-and-trade program[J]. Building Research & Information, 39(5):518-533.

Nordhaus W D, 2007. To tax or not to tax: Alternative approaches to slowing global warming. Review of Environmental Economics & Policy, 1(1):26-44.

O'Connell A, Kousoulidou M, Lonza L, et al, 2019. Considerations on GHG emissions and energy balances of promising aviation biofuel pathways[J]. Renewable and Sustainable Energy Reviews, 101:504-515.

Olsen D J, Dvorkin Y, Fernandez-Blanco R, et al, 2018. Optimal carbon taxes for emissions targets in the electricity sector[J]. IEEE Transactions on Power Systems, 33(6):5892-5901.

Pareto V, 1906. Manul of political economy[M]. Oxford: Oxford University Press.

Park S J, Cachon G P, Lai G, et al, 2015. Supply chain design and carbon penalty: Monopoly vs. monopolistic competition[J]. Production and Operations Management, 24(9):1494-1508.

Pearce D, 1991. The role of carbon taxes in adjusting to global warming[J]. The Economic Journal, 101(407):938-948.

Peters G P, Andrew R M, Boden T, et al, 2013. The challenge to keep global warming below 2°C[J]. Nature Climate Change, 3(1):4-6.

Pigou A C, 1929. The Economics of Welfare[M]. London: Palgrave Macmillan.

Pizer W A, 2002. Combining price and quantity controls to mitigate global climate change[J]. Journal of Public Economics, 85(3):409-434.

Pan Y, Hussain J, Liang X, et al, 2021. A duopoly game model for pricing and green technology selection under cap-and-trade scheme[J]. Computers & Industrial Engineering, 153:107030.

Qiao J J, Mu Y, Zhao X Q, et al, 2016. The intervention effect of government subsidy on the adoption of low carbon agricultural technology in Shanxi and Hebei provinces[J]. Journal of Arid Land Resources and Environment, 30(4):46-50.

Qiu R, Xu J, Zeng Z, 2017. Carbon emission allowance allocation with a mixed mechanism in air passenger transport[J]. Journal of Environmental Management, 200:204-216.

Qiu R, Xu J, Zeng Z, et al, 2022. Carbon tax policy-induced air travel carbon emission reduction and biofuel usage in China[J]. Journal of Air Transport Management, 103: 102241.

Rathore H, Jakhar S K, 2021. Differential carbon tax policy in aviation: One stone that kills two birds? [J]. Journal of Cleaner Production, 296: 126479.

Ray R L, Singh V P, Singh S K, et al, 2022. What is the impact of COVID-19 pandemic on global carbon emissions? [J]. Science of The Total Environment, 816: 151503.

Ray S, 2010. Trade and environment: Multilateral institutions and sustainable development[J]. Journal of Resources, Energy and Development, 7(1): 1-10.

Reimer J J, Zheng X, 2016. Economic analysis of an aviation bioenergy supply chain. Renewable and Sustainable Energy Reviews, 77: 945-954.

Revesz R L, Howard P H, Arrow K, et al, 2014. Global warming: Improve economic models of climate change[J]. Nature, 508(7495): 173-175.

Ribeiro H V, Rybski D, Kropp J P, 2019. Effects of changing population or density on urban carbon dioxide emissions[J]. Nature Communications, 10(1): 1-9.

Righelato R, Spracklen D V, 2007. Carbon mitigation by biofuels or by saving and restoring forests? [J]. Science, 317(5840): 902-902.

Rume T, Islam S M D U, 2020. Environmental effects of COVID-19 pandemic and potential strategies of sustainability[J]. Heliyon, 6(9): e04965.

Ryan L, Convery F, Ferreira S, 2006. Stimulating the use of biofuels in the European Union: Implications for climate change policy[J]. Energy Policy, 34(17): 3184-3194.

Swell D W R, 1969. J H Dales, Pollution, property & prices: an essay in policy-making and economics[C]. Toronto: University of Toronto Press, 1968 pp. vii, 111[J]. Canadian Journal of Political Science/Revue canadienne de science politique, 2(3): 386-387.

Sakawa M, Nishizaki I, 2009. Cooperative and noncooperative multi-level programming[M]. New York: Springer-Verlag.

Sankar U, 2009. Trade measures in climate change policies: Compatibility with WTO and UNFCCC[J]. The Indian Economic Journal, 57(3): 140-152.

Sausen R, Isaksen I, Grewe V, et al, 2005. Aviation radiative forcing in 2000: An update on IPCC(1999)[J]. Meteorologische Zeitschrift, 14(4): 555-561.

Scaparra M P, Church R L, 2008. A bilevel mixed-integer program for critical infrastructure protection planning[J]. Computers & Operations Research, 35(6): 1905-1923.

Schäfer A, Heywood J B, Jacoby H D, et al, 2009. Transportation in a climate-constrained world[M]. Cambridge, MA: MIT press.

Schäfer A W, Waitz I A, 2014. Air transportation and the environment[J]. Transport Policy, 34: 1-4.

Schaffer J D, 1985. Multiple objective optimization with vector evaluated genetic algorithms

[C]. Proceedings of the 1st International Conference on Genetic Algorithms.

Scheelhaase J D, Grimme W G, 2007. Emissions trading for international aviation-An estimation of the economic impact on selected European airlines[J]. Journal of Air Transport Management, 13(5):253-263.

Schmidt N M, Fleig A, 2018. Global patterns of national climate policies: Analyzing 171 country portfolios on climate policy integration[J]. Environmental Science and Policy, 84: 177-185.

Sheldon I M, 2010. Climate policy and border tax adjustments: Some new wine mixed with old wine in new green bottles?[J]. Estey Journal of International Law and Trade Policy, 11: 253-279.

Shen J, Luo C, 2015. Overall review of renewable energy subsidy policies in China-Contradictions of intentions and effects[J]. Renewable and Sustainable Energy Reviews, 41: 1478-1488.

Sheu J B, Li F, 2014. Market competition and greening transportation of airlines under the emission trading scheme: A case of duopoly market[J]. Transportation Science, 48(4): 684-694.

Shi X, Xia H, 1997. Interactive bilevel multi-objective decision making[J]. Journal of the Operational Research Society, 48(9):943-949.

Sinha A, Malo P, Deb K, 2018. A review on bilevel optimization: from classical to evolutionary approaches and applications[J]. IEEE Transactions on Evolutionary Computation, 22(2): 276-295.

Soytas U, Sari R, Ewing B T, 2007. Energy consumption, income, and carbon emissions in the United States[J]. Ecological Economics, 62(3-4):482-489.

Stackelberg H V, Peacock A T, 1952. The theory of the market economy[J]. Economica, 20 (80):384.

Stackelberg H V, 1934. Marktform Und Gleichgewicht[M]. Berlin:Springer-Verlag.

Stafford W, Lotter A, Brent A, et al, 2017. Biofuels technology: A look forward[R]. WIDER Working Paper.

Steven M, Merklein T, 2013. The influence of strategic airline alliances in passenger transportation on carbon intensity[J]. Journal of Cleaner Production, 56:112-120.

Sun H, Yang J, 2021. Optimal decisions for competitive manufacturers under carbon tax and cap-and-trade policies[J]. Computers & Industrial Engineering, 156:107244.

Tang W, Wu L, 2013. Efficiency or equity? Simulating the carbon emission permits trading schemes in China based on an inter-regional CGE model. [EB/OL].[2022-09-01]. https://www.gtap.agecon.purdue.edu/resources/download/6186.

Tietjen O, 2020. Reducing the cost of delay: on the interaction of cap-and-trade and subsidies for clean energy[EB/OL].[2022-09-01]. https://papers.ssrn.com/sol3/papers.cfm?abstract_id=3580673.

Timilsina G R,Csordás S,Mevel S,2011. When does a carbon tax on fossil fuels stimulate biofuels? Ecological Economics,70(12):2400-2415.

Tol R S J,2007. The impact of a carbon tax on international tourism[J]. Transportation Research Part D:Transport and Environment,12(2):129-142.

Van Soest H L,Den Elzen M G J,Van Vuuren D P,2021. Net-zero emission targets for major emitting countries consistent with the Paris Agreement?[J].Nature Communications,12(1):1-9.

Veldhuizen D A V,Lamont G B,1999. Evolutionary computation and convergence to a Pareto front.[M/OL]//Late breaking papers at the genetic programming 1998 conference. California:Stanford University Press,1998:221-228.[2022-09-01]. https://ssrn.com/abstract=3580673.

Weisbach D A,2012. Carbon taxation in the EU:Expanding the EU carbon price[J]. Journal of Environmental Law,6(2):183-206.

World Bank,2018. State and Trends of Carbon Pricing 2018.[EB/OL].[2022-09-01]. https://openknowledge.worldbank.org/handle/10986/29687..

Wang D P, Wang T T, 2021. Dynamic optimization of cooperation on carbon emission reduction and promotion in supply chain under government subsidy[J]. Journal of Systems & Management,30(1):14.

Wang D,Zhou L,Zhang H,et al,2021. A Bi-Level Model for Green Freight Transportation Pricing Strategy Considering Enterprise Profit and Carbon Emissions[J]. Sustainability,13(12):6514.

Wang M Y,Li Y M,Li M M,et al,2019. Will carbon tax affect the strategy and performance of low-carbon technology sharing between enterprises?[J]. Journal of cleaner production,210:724-737.

Wang X,Han S,2020. Optimal operation and subsidies penalties strategies of a multi-period hybrid system with uncertain return under cap-and-trade policy[J]. Computers & Industrial Engineering,150:106892.

Wang Z, Wang X, Guo D, 2017. Policy implications of the purchasing intentions towards energy-efficient appliances among China's urban residents:Do subsidies work?[J]. Energy Policy,102:430-439.

Wan X,Li Q,Qiu L,et al,2021. How do carbon trading platform participation and government subsidy motivate blue carbon trading of marine ranching? A study based on evolutionary equilibrium strategy method[J]. Marine Policy,130:104567.

Wei W, Liang Y, Liu F, et al, 2014. Taxing strategies for carbon emissions:A bilevel optimization approach[J]. Energies,7(4):2228-2245.

Wei X,Chang Y T,Kwon O K,et al,2021. Potential gains of trading CO_2 emissions in the Chinese transportation sector [J]. Transportation Research Part D: Transport and Environment,90:102639.

Wen U P,Hsu S T,1992. Efficient solutions for the linear bilevel programming problem[J]. European Journal of Operational Research,62(3):354-362.

Wheeler T,Von Braun J,2013. Climate change impacts on global food security[J]. Science, 341(6145):508-513.

Wiedenhofer D,Guan D,Liu Z,et al,2017. Unequal household carbon footprints in China[J]. Nature Climate Change,7(1):75-80.

Wise M,Dooley J,Luckow P,et al,2014. Agriculture, land use, energy and carbon emission impacts of global biofuel mandates to mid-century[J]. Applied Energy,114:763-773.

Wood J,2018. The pros and cons of carbon taxes and cap-and-trade systems[J/OL]. The School of Public Policy Publications,11(30)[2022-09-01]. https://EconPapers.repec.org/RePEc:clh:briefi:v:11:y:2018:i:30

World Bank, Ecofys,2017. Carbon Pricing Watch 2017 [EB/OL]. [2022-09-01]. https://openknowledge.worldbank.org/handle/10986/26565.

World Bank. State and Trends of Carbon Pricing 2022 [EB/OL]. [2022-09-01]. https://openknowledge.worldbank.org/handle/10986/37455.

Wright C P,Groenevelt H,Shumsky R A,2010. Dynamic revenue management in airline alliances[J]. Transportation Science,44(1):15-37.

Wu R,Dai H,Geng Y,et al,2016. Achieving China's INDC through carbon cap-and-trade: Insights from Shanghai[J]. Applied Energy,184:1114-1122.

Xiao W,Qin D,Li W,et al,2009. Model for distribution of water pollutants in a lake basin based on environmental Gini coefficient [J]. Acta Scientiae Circumstantiae, 29 (8): 1765-1771.

Xu J,Huang Q,Wang F,2020. Co-combustion of municipal solid waste and coal for carbon emission reduction:A bi-level multi-objective programming approach[J]. Journal of Cleaner Production,272:121923.

Xu J,Qiu R,Lv C,2016. Carbon emission allowance allocation with cap and trade mechanism in air passenger transport[J]. Journal of Cleaner Production,131:308-320.

Xu J,Yang X,Tao Z,2015. A tripartite equilibrium for carbon emission allowance allocation in the power-supply industry[J]. Energy Policy,82:62-80.

Xu L,Wang C,Zhao J,2018. Decision and coordination in the dual-channel supply chain considering cap-and-trade regulation[J]. Journal of Cleaner Production,197:551-561.

Yi Y,Li J,2018. Cost-sharing contracts for energy saving and emissions reduction of a supply chain under the conditions of government subsidies and a carbon tax[J]. Sustainability, 10(3):895.

Yue D, You F, 2017. Stackelberg-game-based modeling and optimization for supply chain design and operations: A mixed integer bilevel programming framework[J]. Computers & Chemical Engineering,102:81-95.

Yue T X, Zhao M W, Zhang X Y, 2015. A high-accuracy method for filling voids on remotely sensed XCO_2 surfaces and its verification[J]. Journal of Cleaner Production,103:819-827.

Zandalinas S I, Fritschi F B, Mittler R, 2021. Global warming, climate change, and environmental pollution: recipe for a multifactorial stress combination disaster[J]. Trends in Plant Science,26(6):588-599.

Zhang L, Li Y, Jia Z, 2018. Impact of carbon allowance allocation on power industry in China's carbon trading market: Computable general equilibrium based analysis[J]. Applied energy, 229:814-827.

Zhang M, Liu L, Wang Q, et al, 2020. Valuing investment decisions of renewable energy projects considering changing volatility[J]. Energy Economics,92:104954.

Zhang X P, Cheng X M, 2009. Energy consumption, carbon emissions, and economic growth in China[J]. Ecological Economics,68(10):2706-2712.

Zhang X, Qi T, Ou X, et al, 2017. The role of multi-region integrated emissions trading scheme: a computable general equilibrium analysis[J]. Applied Energy,185:1860-1868.

Zhang Y, Bi P, Wang J, et al, 2015. Production of jet and diesel biofuels from renewable lignocellulosic biomass[J]. Applied Energy,150:128-137.

Zhang Y, Zhang T, 2022. Complex Dynamics of a Low-Carbon Supply Chain with Government Green Subsidies and Carbon Cap-and-Trade Policies[J]. International Journal of Bifurcation and Chaos,32(6):2250090.

Zhang Z, Baranzini A, 2004. What do we know about carbon taxes? An inquiry into their impacts on competitiveness and distribution of income[J]. Energy Policy,32(4):507-518.

Zhao L, Yang C, Su B, et al, 2020. Research on a single policy or policy mix in carbon emissions reduction[J]. Journal of Cleaner Production,267:122030.

Zhao S, Shi Y, Xu J, 2018. Carbon emissions quota allocation based equilibrium strategy toward carbon reduction and economic benefits in China's building materials industry[J]. Journal of Cleaner Production,189:307-325.

Zhou Y, Fang W, Li M, et al, 2018. Exploring the impacts of a low-carbon policy instrument: A case of carbon tax on transportation in China[J]. Resources, Conservation and Recycling, 139:307-314.

Zhou Y, Wang L, McCalley J D, 2011. Designing effective and efficient incentive policies for renewable energy in generation expansion planning[J]. Applied Energy,88(6):2201-2209.

Zhou Z, Hu F, Xiao D, 2020. Optimal pricing strategy of competing manufacturers under carbon policy and consumer environmental awareness[J]. Computers & Industrial Engineering, 150: 106918.

Zhu X, Chiong R, Wang M, et al, 2021. Is carbon regulation better than cash subsidy? The case of new energy vehicles[J]. Transportation Research Part A: Policy and Practice, 146: 170-192.

Zitzler E, Deb K, Thiele L, 2014. Comparison of multiobjective evolutionary algorithms: Empirical results[J]. Evolutionary Computation, 8(2): 173-195.